JN007907

中学受験で伸びる子の自宅学習法

教育・学習ライター
小川晶子

サンマーク出版

はじめに

「中学受験に興味はあるけれど、わからないことだらけ……」

「中学受験をすることにしたものの、親としてはいつ、何をすればいいのかわからなくて不安……」

「志望校合格を目指して勉強しているけれど、本当にこのやり方で大丈夫なのだろうか？」

「中学受験に向けた勉強について、家でできるサポート法や、どんな勉強が効果的なのかが知りたい」

「中学受験をするかどうかはまだわからないけれど、みんながどんな勉強をしているのか知っておきたい」

この本は、そんな声にこたえる本です。中学受験に少しでも興味を持っている方や、動き始めたけれど心配や不安がある方、今受験に向かって頑張っているけれど思ったように成績が伸びていかないという方に向け、疑問を解消して前向きになってもらえるように作りました。

きっかけは、この本の編集者が実際に子どもの中学受験を体験し、親として「具体的なスケジュールや学年ごとの勉強法について知りたいと思った」ことです。仕事に家事に忙しい中で、できる限りのサポートをしたいと思っているものの、「本当にこれで大丈夫だろうか？」「何かヌケがあるのではないか？」と不安に思う気持ちは、多くの親御さんに共通しているのではないでしょうか。

私自身はライターとして、これまで多くの教育関係者に取材を行ない、近年の中学受験が社会現象のようになっていることを感じていました。かつ、ちょうど中学受験をするかどうかの選択をせまられる学年の子を持つ母親でもあります。身近に当事者が多くいる中で「親子ともに、幸せな選択だと感じるにはどうしたらいいのか」を考えていました。

親子で楽しそうにチャレンジしている人もいれば、苦しそうな人もいます。中学受験を選択したことを後悔するのではなく、心からよかったと思えるようになるには何が必要なのかを知りたいと思いました。

そこで今回、大手中学受験塾のＳＡＰＩＸ（サピックス）小学部に取材をさせていただき、多くの方にご協力いただいて制作したのが本書です。ＳＡＰＩＸは首都圏の有名中学を中心に圧倒的な実績を誇る塾です。とくに難関校合格に必要となる思考力を伸ばすメソッドに定評があります。

その先生方に親子で納得のいく結果を得るために具体的に何をすればいいのかを聞き、１冊にまとめました。

そもそも中学受験とはどういうもので、親はどんな心構えをすべきなのかといった話はもちろん、次のような内容を掲載しているのが本書の特徴です。

- SAPIXではどうやって子どもたちの学力を伸ばしているのか。家庭でできることは何か
- 中学受験で伸びる子の保護者の方は、どんなサポートをしているのか

一般的に塾で中学受験のカリキュラムが始まる4年生からのスケジュールや教科ごとのポイント、必要なサポートなどについて教えていただきました。

主に首都圏の中学受験についてお伝えしていますが、学習への向き合い方など本質的なことは、首都圏以外で受験をする方も、もっといえば中学受験をしない方にとっても大きな学びがあると思っています。

ぜひ、一つでも二つでも「いいな」と思ったことは実践してみてください。迷ったとき、つまずいたときは、本書の中にヒントを探してみてください。

本書がきっと、よきパートナーとなると信じています。

小川　晶子

序章

「中学受験」の本当のこと

中学受験を考えたら、最低限知っておきたいこと

第2章

親子で中学受験に向き合うために
——自分から学べる子になる親がやっていること

第3章

SAPIXが教える中学受験のための勉強の基本

第4章

低学年のうちにやっておきたいこと

――勉強が楽しくなる子どもとのかかわり方

第5章 4年生の勉強&スケジュール

1808年…
1902年…

第6章

5年生の勉強&スケジュール

第7章 6年生の勉強＆スケジュール

終章

1月に入ってからと当日のこと

ブックデザイン　萩原弦一郎（256）
イラスト　長野美里
本文DTP　米山雄基
校正　株式会社 円水社
協力　SAPIX小学部
編集担当　多根由希絵（サンマーク出版）

序章

「中学受験」の本当のこと

中学受験のカン違い

中学受験の本当のこと

あなたは「中学受験」にどのようなイメージを持っていますか？

小学生の子どもが大量の知識と受験テクニックを学び、厳しい競争を勝ち抜かねばならないシビアな世界。愛する子どもの可能性を信じた親は、志望校合格を手にするために塾や家庭教師に大金をつぎ込む。それなのに子どもが勉強しない・成績がふるわないと親はイライラし、つい余計なことを言って親子関係悪化。さらに夫婦の間でも口喧嘩が増え、子どもはおびえた様子。テレビで言っていた「教育虐待」って遠い話じゃないのかも、と冷や汗が流れる……。

もしかしたら、そんなイメージを持っている人もいるかもしれません。よく「中学受験の闇」としてメディア等で取り上げられているからです。

確かにごく一部においては、リアルな話なのかもしれません。多くの親御さんが「自分もそうなりかねない」と感じるから興味をかきたてられるのでしょう。

ごく一部の話が拡大解釈され、「中学受験ってそういうもの」というイメージになってしまっているきらいがあります。

しかし、当たり前ですが、みんながみんなそうではありません。**むしろ、中学受験を題材にしたドラマや漫画に出てくるようなことは、ほとんどない**といっていいでしょう。穏やかに、楽しんで中学受験に向き合っている家庭もたくさんあります。

最初に、中学受験のよくある誤解に触れながら、今の時代の中学受験についてお話ししていきたいと思います。

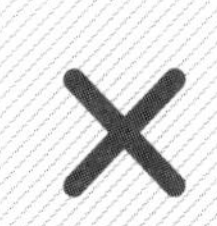

✕ 中学受験の勉強は詰め込み学習が必要

○ 中学受験で必要なのは「思考力」です

中学受験に関する漫画やドラマがいろいろとある中で、塾の先生から見て違和感があるのは、そこで解法などを詰め込むような授業がちょくちょく見られることです。

しかし、今の中学受験はまったく違います。ここは最初にぜひ認識してもらいたいのですが、現在の中学受験では、**知識を得たうえで「自分で考える」ことが必要です。**

中学受験で求められる「考える力」とは？

今の入試問題では単純に知識を問われることは少なく、その場で複雑な問題文を読み取って、自分の持つ知識を使いながら考え、解答を導き出すものが主流です。

例を挙げると、

「徳川家康が江戸に幕府を開いたのは何年のことか」
「メダカが卵を産むのに適した水温は何度か」
「面積が24平方センチメートルで、高さが6センチメートルの平行四辺形の底辺は何センチメートルですか」

という問題であれば、知識を知っていれば答えは出せます。

また、「つるかめ算」や「和差算」といった算数の文章題も、単純なものであれば、その解法を知っていれば解答できます。

しかし、今の中学受験の、とくにレベルの高い学校では、それだけでは太刀打ちできません。**基本的な知識を組み合わせることで、ぱっと見では解けないような問題が増えています。**

たとえば、図0－1の問題は、長方形の辺上を2点P、Qが動くとき、与えられた条件をもとに、2点P、Qが重なるのは今から何秒後かを求める「点の移動の問題」と呼ばれるものです。

初めて見る人には複雑に見えますが、これは「旅人算（たびびとざん）」と「平面図形」という基本的な問題を二つかけ合わせた問題です。こうした問題も、問題文から得られる情報をもとにして自分が知っている内容の中で何と何を組み合わせればいいのかを考えて、解いていきます。

また、あるテーマに関する長い文章を読んで記述させる問題もあります。

2018年の麻布中学校の理科の入試問題では、地球の気象や地形、土星の気象や地形に関する文章を読ませながら、最後に「電池が切れたカッシーニ（土星の探査機）を、土星に飛び込ませた理由としてふさわしくないもの」を選ぶ問題が出ました。

図0-1　点の移動の問題

図のような長方形 ABCD があります。点 P は頂点 A を出発して、長方形の周上を時計回りと逆向きで A→B→C→D→A の順に、点 Q は頂点 A を出発して、長方形の周上を時計回りで A→D→C→B→A の順に、それぞれ一定の速さで一周するものとします。2点 P、Q が同時に頂点 A を出発してから 5.2 秒後に、点 P は辺 BC 上に、点 Q は辺 DC 上にあり、三角形 APQ が直角二等辺三角形になりました。2点P、Qが重なるのはそれから何秒後ですか。

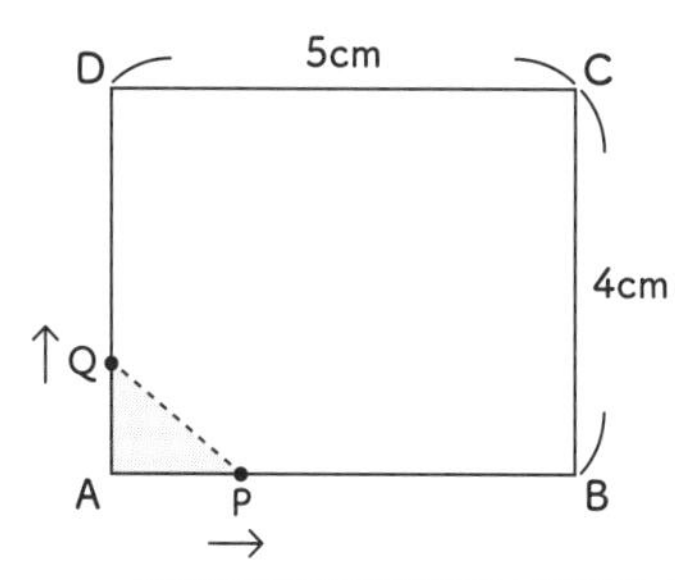

（東大寺学園中学校 2015年大問③（2）。図は編集部にて一部改変）

この問題はカッシーニについての知識を直接問う問題ではありません。それまでの文章を読むことで、その答えを〝探す〟ことができるようになっているのです。

こうした問題に対し、子どもたちは、**自分が持っている知識や、知っている解法、問題を解いた経験、そして今見ている問題の文章からわかること、などを総動員しながら、「どうしたら解けるのか」を考えて解いていきます。**

つまり、ここで問われているのは「考える力」なのです。たとえ知識を大量に詰め込んだとしても、自分で考えることができなければ解くことができません。

この考える力は、もちろん大人になっても使えるはずです。**一生使える思考力は財産として残っていくでしょう。**

SAPIXをはじめとした中学受験塾でやっているのは、考える面白さを体験させ、思考力を伸ばしていくことです。とくにSAPIXでは、先生が「これはどう思う?」と投げかけると、それぞれの生徒が「こうじゃないかな?」「このアイデアはどう?」とみんなで答えを考えるような、活気にあふれた授業が展開されています。

中学受験のカン違い

✕ 小学生から「勉強、勉強」と詰め込まれるのはかわいそう

○ 本来、勉強は面白いもの。それを実感させてあげましょう！

中学受験に対する批判として多く聞かれるのは「まだ小学生なのに勉強ばかりさせるなんてかわいそう」といったものです。

前提になっているのは「勉強は辛いもの、我慢してやるもの」という考えでしょう。

確かに、中学受験はハードです。時間と労力がかかることは間違いありません。入試問題は年々難しくなっており、身につけるべきことの多さは、中学受験をしない一般の小学生と比べて桁違いです。我慢して勉強していたら、それは苦痛以外の何物でもないでしょう。

しかし、勉強が面白いものだと思っていたら、大変な中でも楽しさがあります。

SAPIXの溝端宏光先生は、学ぶ楽しさには三つあるといいます。

①成果が出る楽しさ（テストの点数がよくて嬉しい！　今勉強していることには価値がある！）

テストでいい点数を取るなど目に見える成果が出れば嬉しいですし、今、自分は価値のあることを学んでいるのだと感じられたら、前向きに学んでいこうという気持ちになります。自己肯定感も上がるというものです。

②知識欲が満たされる楽しさ（発見や、驚きが楽しい！）

知らなかったことを知り、「そうなんだ！」と驚いたり発見したりする楽しさです。

③精一杯頭を使う楽しさ（考えるのが楽しい！）

頭を使うことは、本来とても楽しくエキサイティングなことです。パズルやクイズが好きな子は、夢中になって考えること、脳に汗をかきながら考えること自体の楽しさがあるから熱中するのです。

実際、入試に出るのは「解きごたえのある面白い問題」ばかり。先ほどお伝えしたように、入試問題は、知識だけではなく思考力をみることができるよう工夫されています。考えることが好きな子がチャレンジしたくなるような問題です。

今の中学受験は、「考えるのって面白い！」と思えることが重要なのです。中学受験を通じて、勉強を面白がり、思考力を伸ばしていくのだとしたら、それはとても価値のあることではないでしょうか。

勉強には、こうした楽しさがあるのにもかかわらず、**大人のほうで「勉強は難しい」「自分は苦手である」と思ってしまうと、子ども自身も「勉強は難しいもの」「大変なもの」という意識がついてしまいます。**

これはまったくもったいないことで、大人のほうでも、「勉強の楽しさ」を子どもに知ってもらえるよう意識を変えることが大事だと思います。

「勉強の楽しさ」をどう作るか

「成果が出る楽しさ」と「知識欲が満たされる楽しさ」は、比較的簡単に得られます。復習テストでよい点数を取った際にほめてあげれば、子どもは誇らしい気持ちになるでしょう。また、関心があることについて「へぇ！」と思う知識を得ることで、「面白い！」と感じることも少なくないはずです。

ただ、「精一杯頭を使う楽しさ」は、大人が上手にサポートしないとなかなか得られないものです。全然わからないことを考えるのは辛いですし、すぐにわかるようなことを考えても面白くありません。ちょうどいい題材で考えることが効果的なのです。SAPIXでは、なんとかしてこの「精一杯頭を使う楽しさ」を実感してもらいたいと思い、教材や授業を工夫しているそうです。

「勉強」するのは、かわいそうなこと？

そもそも、**「知識を習得して、それを使いこなせる力を身につける」ということに**

は、価値があります。確かに中学受験は大変ではありますが、「かわいそう」ではありません。

たとえば、趣味やスポーツの分野では「ピアノの練習を1日8時間しています」「毎日野球漬けで土日もありません」という子もいますよね。

でも、そういうケースであまり「かわいそう」と言われることはないですし、いずれも「極めたいことがあって、それに向かって努力する」「目標を達成するために頑張る」という点は同じです。

「これをやることは自分にとって価値がある」「挑戦してみたい」と思ったら、その努力をさせてあげることも、大事なのではないかと思います。

中学受験のカン違い

✕ 偏差値に振り回されるのはちょっと……

○ 偏差値よりも子どもの成長を!

受験といえば「偏差値」が思い浮かぶ人はいるでしょう。本人の学力を測る指標として、ついて回るものであることは確かです。偏差値で子どもを評価することに抵抗があるが、中学受験をすれば偏差値に振り回されることが容易に想像できる……という心配はよくわかります。

中学受験で大事にしたいことは、子ども本人の成長です。

本人の成長は、本来、垂直方向で見なければなりません。つまり、**人と比較するのではなく、少し前の自分からどれだけ成長したのか、を見ていく必要があります。**小数の計算ができるようになったとか、長い文章を読めるようになった、できなかったことができるようになったことを、どんどん評価してあげてほしいと思います。

一方、偏差値は水平方向の評価軸です。相対的にどの位置にいるかがわかるだけです。

みんな頑張って成長しているので、水平方向で見れば変わっていない、あるいはやや下がっているということもあるでしょう。**それでも、垂直方向で見れば必ず成長しているはずです。**

親としては、そうした垂直方向の成長こそ、見つけてほめてあげてください。

図0-2　垂直方向で成長をほめよう

中学受験のカン違い

✕ 中学受験は頭のいい子しか受からない？

○ 柔軟に希望を設定すれば、ほとんどの子が合格できます

巷では、「中学受験で志望校に合格するのはたった30％」と言われることがあるようです。「志望校」の定義によって数字はいくらでも変わるため、あまり信憑性のある数字ではありません。

人気の高い難関校を志望校として設定すれば、合格率は下がります。受験者が多いのですから、それだけ熾烈（しれつ）な競争に勝った人だけが進学できることになります。

中学受験の場合、本人にチャレンジしたい気持ちがあれば、背伸びしても難関校を

受験することも多いです。チャレンジ自体に価値があるからです。親の意向もあり、「なんとしてもこの学校に」と高めの目標設定をすることもあります。

その結果、志望校に合格する子は少ないと言われているのでしょう。

一方、学力レベルに合っている学校を志望校に組み込めば、当然ながら合格率が上がります。**丁寧に希望のすり合わせをし、柔軟に考えることができれば、多くの子が希望の中学に合格していると言うこともできます。**そういう意味でSAPIX生は、70％程度の子が第一志望・第二志望の学校に合格しています。本人の希望を尊重しながら、第二志望まで含めて、よい結果を得やすい選択をするのです。

第一志望に落ちたからこそ、将来が広がったケースもある

それでも第一志望・第二志望の学校に合格できない子はいます。だからといって、その子たちが進学先に不満があるかというと、そんなこともありません。第三志望の学校に行って、とても楽しく過ごしている、力を発揮できているという話をよく聞きます。

確かに、一定数の子たちは偏差値の高い人気校に行くことで伸びます。SAPIXの先生曰く、そういう子たちはトップ校に行くことで、似た雰囲気を持つ仲間たちと刺激を受け合うことが楽しいのです。普通なら引かれてしまいそうな難しい化学の話、歴史のマニアックな話ができる、自分よりすごい知識を持っている子がいるということが嬉しく、さらに伸びていきます。でも、みんながみんなそうではありません。

トップ校に合格しなかったものの、第二志望や第三志望で入学した学校の面倒見がよく、その学校だからこそ6年後に東大に入学できた、という子もいます。

今の時代の中学受験は、**子どもの個性に合った学校、やりたいことができる学校を選択するという方向に変わってきています。**偏差値の高い学校がその子に合うとは限りません。さまざまな特色のある学校を見て最良の選択をしようと考える家庭が増えています。

✕ 中学受験を経験していない親が教えるのは難しい！

○ 親はマネージャー。勉強は教えるよりも、一緒に面白がって！

自分自身が中学受験をしたことがなく、勉強も教えられないからサポートできるか不安だという話をよく聞きます。

ただ、今の中学受験は親世代の中学受験とは全然違うものになっています。むしろ経験のある人のほうがとまどうかもしれません。過去の中学受験と比較せず、一から考えたほうがいいのです。

また、親が勉強を教えてあげる必要はありません。

SAPIXでは保護者の方に「主役はお子さん、先生はコーチです。親御さんはマネージャーになってください」と伝えています。

実は、お父さんお母さんが入れ込みすぎてコーチになろうとしてしまうことがよくあります。「ここはもっとこうしなさい」「いつまでにこれをできるようにしなさい」と指示を出してしまうのです。

しかし、**それでうまくいくことはほとんどありません。**子どもは「何もわかっていないくせに」と反発したり、やる気を失ったりして、親はさらに指示を出そうとするという悪循環になりがちです。

コーチの部分は塾に任せ、生活習慣や身の回りのこと、スケジュール管理やメンタル面のサポートなどマネージャーに徹するほうがうまくいきます。

どうしても指示を出さなければならない場合は、塾の先生が言っていた話として伝えたほうが子どもは受け入れやすいのではないでしょうか。

隙間時間の対応だけでむしろいい

共働きで忙しいので、うまくサポートできるか不安だという人もいます。しかし、時間に余裕があるからよいサポートができるとは限りません。

子どもの勉強の進み具合が気になって、つい余計な口出しをしてしまうよりも、忙しいから最低限のことだけやるというほうが、よいサポートになることは多いものです。実際、ＳＡＰＩＸ生の家庭も共働きで忙しいケースは珍しくありません。

「隙間時間にできるだけのサポートをする」と決めれば、工夫もできるのではないでしょうか。繰り返し必要になることは早めにルーティン化すればストレスが減ります。

〈例〉

- 日曜日の夜に、１週間のざっくりしたスケジュールを一緒に考える
- 職場での休み時間にスマホで学校の情報収集をする

- 塾のお迎えのときに、その日にやったことを聞く
- 教材やプリントは教科別のボックスを用意して投げ込めるようにしておく
- 学校見学や模擬試験のスケジュールなどは、一覧表にして家族みんなが見られるようにしておく

お父さんお母さんも仕事や家事を頑張っていたり、自分の趣味にイキイキと取り組んでいたりすることは、子どもにとってもプラスになります。自分も頑張ろうと前向きになることができます。

「本当はもっと向き合ってあげたい、フォローしてあげたいのに、仕事があってできない」という気持ちで罪悪感を持つのは、あまりよくありません。親が辛い思いをしていると感じたら、子どもは安心して頑張ることができないからです。

✕ 人間関係が狭くなり、多様な価値観に対応できない

○ 多くの私立中学ではダイバーシティを大事にしています

さまざまな家庭環境の子が集まる公立の学校は多様性が豊かであるのに対し、私立の学校は均質化しているといわれることがあります。

確かに私立は、その理念や特色で生徒が集まりますし、家庭環境も似ていることが多くなります。

でも、地元の公立中だから多様性に触れられるというのも単純すぎる話で、似た者同士のコミュニティにばかりいればあまり関係ありません。

ＳＮＳでのコミュニケーションが増えている今では、物理的に近い距離にいれば関係性が持てるかというとそうでもなくなっています。子どもたちは公立・私立に関係なく、仲間数人の小さなコミュニティに所属し、それぞれのコミュニティがお互いあまり干渉しないというような関係性が増えているといわれます。

せっかくさまざまな価値観をもつクラスメイトたちがいても、かかわろうとしなければ理解するのは難しいでしょう。**公立だから、私立だからと一概にいうことはできない**のです。

重要なのは、身近に自分とは違う属性や価値観の人がいたとき、どのような姿勢・態度でかかわるのかということです。

入試問題でもダイバーシティが問われる

今、私立中学では各学校がダイバーシティに配慮した教育を取り入れており、入試問題でも多様な価値観に触れさせるものが出題されています。

たとえば２０２３年の駒場東邦中学校の国語の入試問題では、日本で育ったクルド人女子高生が主人公の物語をめぐって、難民問題について考えさせています。主人公の女子高生は6歳のときにトルコから追われるように日本へやってきて家族で生活していましたが、難民申請の認定がおりなかったことで、自分の故郷とアイデンティティについて悩みます（出典：川和田恵真『マイスモールランド』講談社）。

この例のように、**数々の入試問題で日常では接したことのない属性の人の立場を想像し、その立場に立ってものを考えることを要求しています。**子どもたちはこれらの問題を通じて、ダイバーシティへの考え方を身につけていくことができると考えられます。

もちろん、学校によって積極的に帰国子女や留学生を受け入れているなど、文化的背景の異なる人たちとともに学ぶ環境であることもあります。

中学受験のカン違い

✕ 失敗したら大変

○ 中学受験は失敗のない入試です

一生懸命勉強して頑張ったのに、中学受験に失敗したら大きな傷を負うのではないか。心配する気持ちは当然です。

小学生の子にとって、初めての入試で不合格が続くというのはショックが大きいものです。自信を失ってしまうかもしれません。中学受験を通じて幅広い知識や考える力を身につけ、大きく成長しているはずですが、過度に精神的なダメージを負ってしまってはよい体験とはいえなくなります。

ですからSAPIXをはじめ中学受験塾では、すべての入試に不合格＝「全落ち」は回避するように受験パターンを組むことをすすめることが多いです。

落ち着いて実力を発揮するためにも、早めに一つは合格を手にできるようにします。

学んだこと自体の価値は必ず残る

「中学受験は失敗のない入試です」

こう教えてくれたのは、JAXA宇宙科学研究所教授で、はやぶさ2のプロジェクトマネージャーをしている津田雄一さんです。

津田さんは中学受験では志望校に入学できませんでしたが、中学受験に向けて努力したことが今に活きていると言います。


学んだこと自体の価値は消えることがありません。だから、たとえ全落ちしても「そのおかげで今があります」という人も多いのです。

とはいえ、少なからず精神的なダメージを受ける子もいますので、受験校選びは慎重に行ないましょう。

結論：中学受験に完璧は必要ない

中学受験はハードな面がありますが、必要以上に恐れるものでもありません。価値を感じて選択したなら、楽しみながら精一杯頑張ることで、その価値を最大化していくことができるでしょう。

サポートをする親御さんは「あれもやらなきゃ」「これもやらなきゃ」と思うかもしれませんが、**完璧である必要はありません。**「子どもと一緒に成長できるかも」というくらいの気持ちでいればいいのです。

学ぶことは面白いし、失敗だって学びの一つになる。

お父さんお母さんがそのような心構えでいることが、とても大切です。

第1章

中学受験を考えたら、最低限知っておきたいこと

そもそも
私立中と
公立中って
何が違うの？

いくらくらい
かかる？

5年生から
勉強するのだと
間に合わない？

中学受験のキホン

地元の公立中学と私立中学、何が違うの？

そもそも私立の学校は、公立と何が違うのでしょうか？

大きく違うのは、学校の運営資金と運営方法です。公立中学は税金により、文部科学省の方針に沿って運営されますが、私立中学は、そこに通う生徒の授業料や寄付などによって運営されます。そのため、私立中学では、それぞれの学校が独自の方針で、特色のある教育や課外活動を行なっています。カリキュラムも独自に作られています。

私立中学の特色として、次のような制度を持つ学校があります。

①中高一貫教育

現在多くの私立中学が、中高一貫教育を行なっています。

中高一貫教育とは、中学・高校の6年間を一つの学校で教育することです。高校受験をする必要がなく、6年間を通じて一貫した方針と環境で学ぶことができます。入試の影響を受けずに、自分の興味のあることに打ち込んだり、先取り学習で余裕をもって大学受験に備えたりできるのは大きなメリットですね。

学校側も6年間の一貫したカリキュラムを組むことで、目標とする教育ができるメリットがあるため、最近は高校での募集を停止する学校も出てきています。なお、一部に公立や国立でも中高一貫教育をとる学校もあります。

②男女別学

公立では少なくなりましたが、私立中学には「男子校」「女子校」も根強い人気があります。

③宗教教育

公立中学では特定の宗教を取り入れた宗教教育をすることはできませんが、私立ではキリスト教や仏教の教義を教育方針に入れているところがあります。

私立中学に行くといくらかかる？

ほとんどの公立中学は、給食費や修学旅行費などがかかるものの、授業料は無料です。では、私立中学に入学したらどのくらいの費用がかかるのでしょうか？

文部科学省が発表している「子どもの学習費調査（令和3年度）」によると、私立中学に通う子の学習費総額（学校教育費、給食費、学校外活動費の合計）は公立中学に通う子の2・7倍。公立中学が53万8799円であるのに対し、私立中学が143万6353円です。公立中学に通う子は「学校外活動費」の割合が高いのですが、これは塾や習い事の費用です。高校受験に向けた塾代が大きいと思われます。

このうち、給食費や塾代をのぞいた「学校教育費」の部分を取り出して比較しているのが図1－1です。学校教育費だけで見ると、私立中学は公立中学の8倍ほどです。

図1-1　中学校の学校教育費の内訳

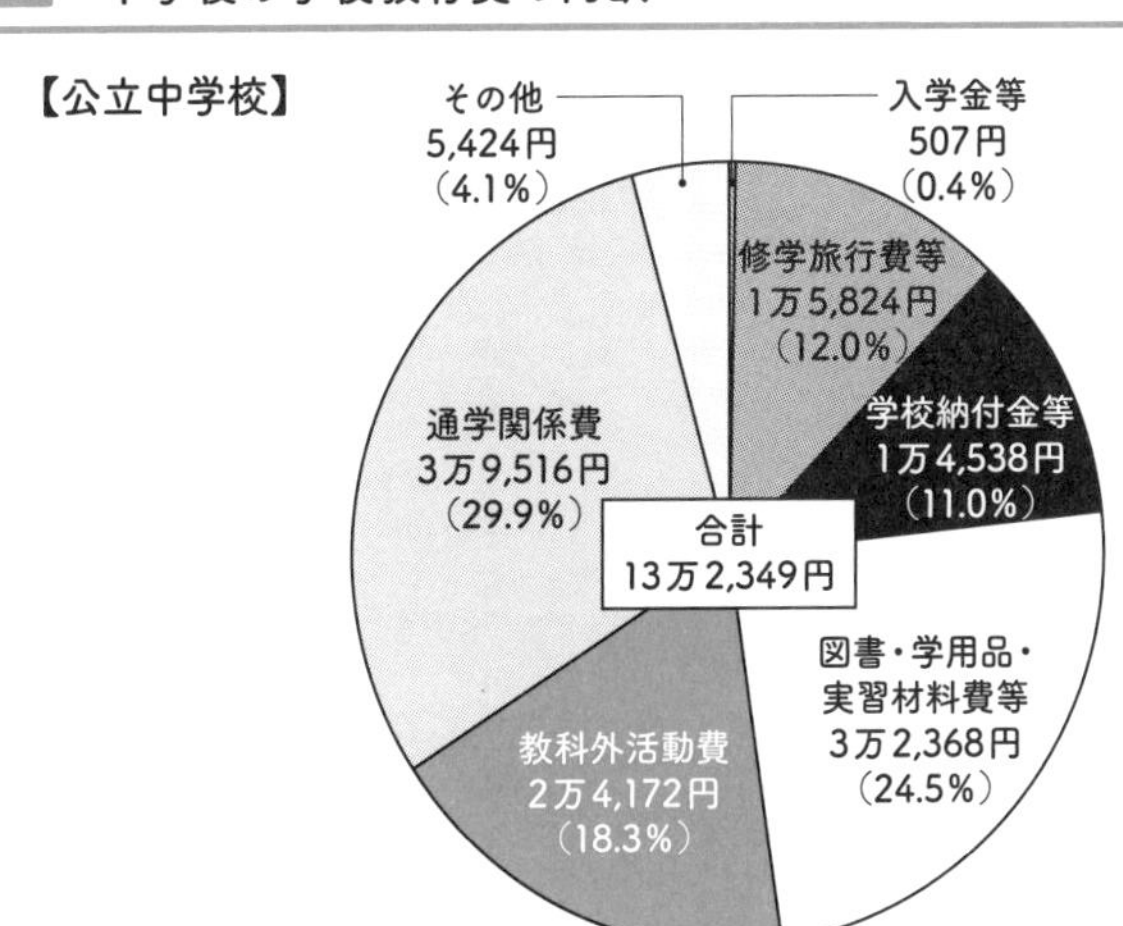

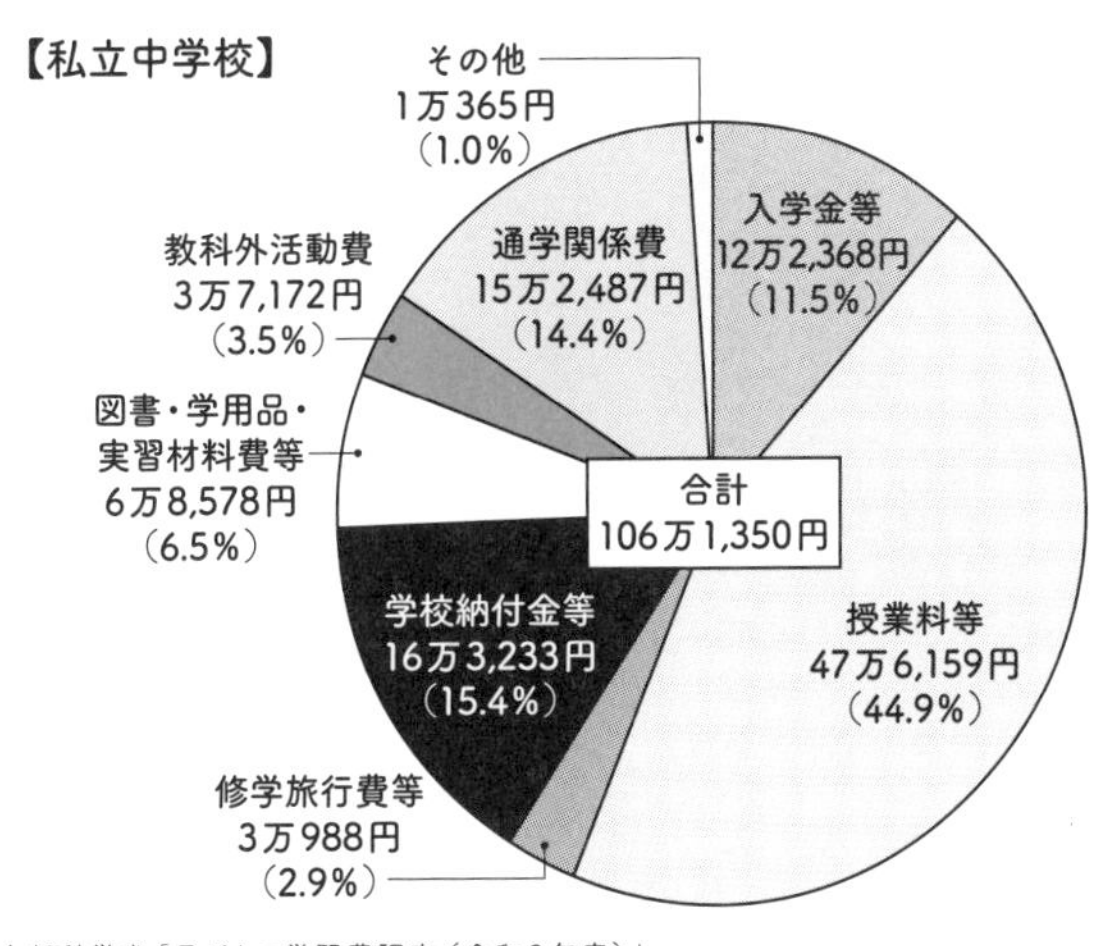

出典：文部科学省「子どもの学習費調査（令和3年度）」

あくまで平均値なので学校によって違いますが、私立に通う場合は大体年間100万円かかることがわかります。

出費はあっても私立中学を選ぶ理由

学校基本調査によれば、都内の中学校に在籍する生徒総数に占める私立中学の生徒数は25・8％（令和4年5月1日現在）。1年生だけを見ると26・7％です。東京都に限っていえば、ざっくりいって4人に1人が私立中学に通っていることになります。

今の時代の「私立中学を選ぶ理由」は、圧倒的に「**その学校に魅力があるから**」です。費用や通学時間をデメリットとしてとらえても、それを上回る魅力を感じる人が増えているのです。つまり、それぞれの家庭が望む環境が、私立中学にあるということです。

大きな要素の一つが**中高一貫教育**でしょう。思春期で自我が確立していく時期に、高校入試に向けてやりたいことを我慢するよりも、6年間のゆとりがある中で学校生活を過ごせるというのは魅力です。

それから、各校の教育理念にもとづいて行なっている、特色のある授業や活動も魅力です。校風もさまざまで、「子どもに合った環境を選べる」と感じることが私立選択の理由でしょう。

今の時代は、学校の成績がいい子が難関校を目指すというより、「**さまざまな選択肢の中から、よりわが子に合った学校を選びたい**」という人が多いのです。

また、中学受験の経験そのものに価値を見出す人もいます。小学生のうちから思考力と精神力を鍛え、受験を乗り越えたことで得た自信が、その後の勉強や人生にプラスになるはずだという考えです。実際、中学受験を通じて子どもたちは大きく成長します。勉強が好きなのであれば、チャレンジをさせてあげたいと思うのは親心ですよね。

スポーツが好きな子が大きな大会を目指したり、芸術が好きな子が有名コンクール等を目指したりするのと同じように、チャレンジすること、目標に向けて努力すること自体に大きな意義があるのです。

中学受験のキホン

〈中学受験は、塾に通わなければ無理？〉
塾なしだと相当ハードルは高い

「中学受験は、塾なしでは無理」という話を聞いたことがありませんか？

一方で、小学校で習う範囲を真面目に勉強すれば、太刀打ちできないことはないだろうと考える人もいると思います。

これは結論からいうと、**「塾通いはマストといっていい」**です。塾なしでは絶対無理というわけではありませんが、相当ハードルが高いのは間違いありません。

なぜ塾が不可欠なのかというと、小学校での学習内容と、中学入試の問題との間には大きな隔たりがあるからです。

入試問題についてはあとで具体的にお話ししますが、「考える力」が必要な問題を、制限時間内に解くというのは非常にレベルが高いことなのです。学校で習った内容をテストで確認するのとは、まったく違います。
考える力がある子でも、制限時間内に問題を読み解き、考えて解答用紙にきちんと表現するにはトレーニングが必要でしょう。そのようなトレーニングは、学校の勉強だけでは難しいのが現実です。

確かに家庭での学習を頑張って受験する子もいますし、なかには見事合格する子も存在します。ただ、偏差値の高い人気校であるほど、塾のようにある程度のノウハウとプロのサポートがないと、難しいのです。
また、多くの塾は学力別のクラス編成になっているため、子どもの学力に合わせながらも少し先を提示することで、学力が無理なく伸びていくように指導しています。**多くの子どもたちを指導してきた蓄積のある塾だからこそできることがある**のです。

高校受験、大学受験なら、本人が目標に向けて自主的に頑張ることもできるでしょう。しかし、中学受験で頑張るのは、11歳・12歳の子どもです。いくら勉強が好きでも、自分でスケジュールを作り、本番で実力を発揮できるように準備していくのは無理な話です。

塾には「勉強のできる」環境もある

「勉強のできる」環境に置かれることも通塾の大きなメリットです。

中学受験塾には、比較的、知的好奇心が強く、勉強が好きな子が多く集まっています。

一人で中学受験のための勉強を続けるのは大変です。でも、同じ目標を持ち、勉強にも面白味を感じる子どもたちがいる中で、一緒に勉強をしたり、競争したりするのは、よい刺激になります。早押しクイズをまねて問題を出し合っているのを見ると、先生方も「こういう集団だから、放っておいても理科や社会の知識がついていくのだな」と感じることがあるのだそうです。

周りの空気が受験を後押ししてくれる点は非常に大きいのです。

〈いつから始めれば間に合う？〉

3年生の2月（新4年生）から進学塾の受験カリキュラムが始まる

進学塾の中学受験に向けたカリキュラムは、新4年生からスタートするのが一般的です。首都圏では1月・2月に受験することになるので、2月から1年間を1クールとしてカリキュラムを組みますから、正確には3年生の2月から始めることになります。

ただ、近年は入塾の時期が早まっています。低学年から塾に通い始める子が多くなっているのです。

SAPIXでは、これまで新4年生の入塾が最も多かったのですが、2023年度は新3年生の入塾者数が上回りました。全体的に、中学受験対策の低年齢化が進んでいるのかもしれません。


それなら早いうちから受験対策をしたほうがいいの？と焦る方もいるかもしれませ

んね。

ただ、第4章でも話しますが、3年生以下では中学受験を意識した勉強をする必要はありません。SAPIXの場合は、週に1回の通塾だけ。勉強というよりも、いろいろなものに興味を持ったり、考える練習をしたりする場になっています。1年生・2年生から通う子もいますが、低学年の通塾は習い事の一つという感覚なのではないでしょうか。

低学年の間は、学びと遊びの区別をつけないほうがいいのです。**テクニックの習得はあとからできるので、「考える習慣をつける」ことが大事**です。面白いことを一生懸命考えていたら、それが頭を使う練習になっていたというのが一番です。

では、一般的な新4年生スタートに出遅れたらどうなるのでしょう?

もちろん、それで中学受験ができなくなるわけではありません。ほとんどの塾が、以前に学習した内容を定期的に確認するカリキュラムを組んでいますので、4年生の夏からだったり、5年生からスタートすることだってできます。最初はついていくのが大変かもしれませんが、頑張り次第です。

〈難関校を目指すには〉学習の精度を高めていき、6年生後半から志望校対策を！

いわゆる「御三家」など偏差値の高い難関校を目指すには、何か特別な勉強が必要なのでしょうか。ＳＡＰＩＸは大手進学塾の中でもとくに難関校に強いといわれており、難関校への合格実績が目立ちます。

これについてＳＡＰＩＸの溝端先生は、**「難関校になればなるほど、どんな問題が出ても対応できる力が必要」**と言います。その場で知識を利用しながら考え、アウトプットしなければなりません。

そうできるようになるためには、どうすればいいのでしょうか？

各教科の基礎を固めつつ、考える力を伸ばし、アウトプットの練習をすることです。当たり前ですね。どんな試験であっても必要なことです。難関校こそ、特殊な対策でどうこうできるものではないのです。

中堅校だからこの程度の学習でいい、難関校だからこの先が必要というように線引きをすることは本質的な話ではありません。

難関校は人気があって競争率が高く、その中で高得点を取らなければ合格できないという現実がありますが、学習する内容は同じです。学習の精度を高めていった先に合格があるのです。

塾によっては早くから志望校対策を打ち出していることがありますが、ＳＡＰＩＸでは、基礎学力が固まる6年生の後半に志望校対策をすれば十分だと考えています。

第2章

親子で中学受験に向き合うために

――自分から学べる子になる親がやっていること

なかなか
勉強しないです

子どもの思考力を
伸ばすために
できることは？

親がやるべき
サポートって何？

〈前向きに勉強する子の親の習慣〉
言いすぎない、教えすぎない

高校受験、大学受験と比べて、中学受験ならではの特色といえるのは「親子の受験」ということです。

受験勉強が本格的に始まる11～12歳は自我が芽生え始める時期です。自分の考えを持ち、それを押し通したくなる頃です。かといって将来のことを見据えて何でも自分で決められるわけではありません。学校選びや塾選びなどに親の意向が入るのは当然です。いかにしっかりした子でも、本人にすべて任せるのは現実的ではありません。

中学受験は親のサポートがなければ無理です。塾の送り迎えやお弁当作り、教材の整理など、安心して学べる環境を整えてあげることが必要です。

ただし、やりすぎるのはよくありません。

やりすぎないように気をつけたほうがいいことを、2点挙げます。

①中途半端に勉強を教えない

勉強を教えてあげる必要はありません。**「こうやって考えてみたら？」「こっちの解き方のほうがいいんじゃない？」**など、横でちょこちょこと言われると子どもは思考を邪魔されてしまい、やる気を失ったり反発したりすることが多いです。身内の甘えも出やすいので、自分で考えずにすぐに教えてもらおうとするクセもつきかねません。

②あれこれ確認しない

親は心配なのでつい**「あれはやったの？」「ここはちゃんとできた？」**と確認しがちです。しかし、言いすぎると逆効果です。子どもにとっては、信用されていない感じがしますし、大きなストレスになっていることが多いものです。親子の信頼関係が失われては大変です。関係を悪くしてまで頑張ることはないですよね。

わが子を心配し、応援しているからこそ口を出したくなるのですが、そこは言いすぎないように抑えなくてはなりません。

〈前向きに勉強する子の親の習慣〉「勉強しなさい」は逆効果

親が受験のサポートをするうえで大事なポイントをＳＡＰＩＸの先生に聞くと**「共感を大事にしてください」**とのことでした。

塾ではハイレベルな授業を行なっています。子どもがそれについていっているだけでもすごいことです。家で怠けているように見えたとしても、塾ではすでに頑張っているのです。まずそれを理解して共感してあげてください。

親は、どうしても、子どもの「できていない部分」に目がいきがちです。間違えた箇所、できていない宿題、こなせていないスケジュール……。それでも、全部できていないわけではありません。できている部分があるし、頑張っているのです。

頑張っている子どもの気持ちに共感できたら、声がけの仕方も変わってくるはずです。たとえば、次の二つの声がけを比べてみてください。

①「なんでここ間違えたの？　見直しなさいっていつも言っているでしょ」

②「ここをミスしたのは悔しかったね。こういう工夫をしたらどうかな？」

ちょっとした差のようですが、受け取り方は全然違います。

子どもにとって「自分の頑張りを親がわかってくれている」のは大きな安心感につながります。嬉しいときも、辛いときも、自分が頑張っていることをわかってくれる人がいると感じている子は、パフォーマンスが上がります。

親は「うちの子勉強しない」と思っていても……

子どもが勉強しているように見えないとき、その実情としては、大きく分けると三つのパターンがあります。

①親の要求水準が高すぎる

②短時間で理解できているので、勉強時間が短く感じられる
③実際に勉強が不足している

どのケースにあてはまるのかは、親自身では判断がつかないことが多いため、勉強が足りないように感じたら、塾の先生などに様子を聞いてみるとよいでしょう。

注意すべきは、①のパターンです。突きつめすぎると、子どもに必要以上のプレッシャーを与える可能性が高いのです。

「もっと頑張れ」は塾の先生か第三者に言ってもらう

「いいえ、単純にやる気がないんです」という声も聞こえてきそうですね。③の場合で親から言っても反発されそうなときは、**「もっと頑張れ」は塾の先生など第三者に言ってもらってください。** 親に言われて素直に聞けなくても、先生に言われると驚くほど素直に聞くことがよくあります。

〈やる気が続く子の親の習慣〉偏差値よりも「目の前のこと」を評価しよう

一般的には4年生から6年生の終わりまでという長い期間、受験に向けて頑張ることになります。好きな単元で集中して勉強をしているときがあったり、実際に中学校を見て「行きたい！」と思ったり、時折、やる気がアップすることはあっても、それをずっと継続させるのは困難です。頑張っても成果が出ないように感じればやる気も下がります。勉強以外のことに関心が向いているときもあります。

子どものやる気を継続させるには、**目の前のことを評価する**ことがとても大事です。

算数のテストで80点を取れた。前回70点だったから10点もアップした。そんなときは「できるようになったね！」と言ってあげてください。「できるようになった」と感じられるのは嬉しいものです。ちゃんと認めてもらえることがやる気につながります。

子どものやる気をわざわざ下げている親の言葉とは？

時々、せっかくテストの点数は上がったのに、平均点や偏差値を見て、「今回のテストは簡単だったんじゃないか？　……やっぱりほら、平均点が高くなっている」「偏差値は低くなっているから、もう少し頑張らないとダメだ」などと、子どもに話す親御さんもいるようです。統計的にはその通りなのかもしれませんが、そんなところを突き詰めてできていないことを明らかにしても何のいいこともありません。

周りと比べてどうか、偏差値としてどうか、という指標も必要ですが、その子の頑張りを純粋に認めて評価してあげてほしいと思います。

簡単な問題をやらせて自信をつける

自信をつけてやる気を持たせるためには、できる問題をあえてやらせるのも効果があります。
ＳＡＰＩＸの広野雅明先生は、６年生の算数の授業の冒頭に確認テストをして、できた子に手を挙げさせているそうです。大半の子が手を挙げます。これまでにやった問題と同じパターンのものを出題しているので、算数が苦手な子も復習さえすれば解くことができるのです。そして「みんなすごいね、できたね」とほめるのです。

その科目が苦手な子もいるかもしれません。でも、**「できた人？」と言われて手を挙げることができると、それは嬉しいことなんです。**最初に評価してあげれば、あとの授業も頑張れます。

広野先生は、教材の内容が難しいときこそ、最初に必ず計算テストのような基本問題をやらせるそうです。

これによって自信をつけさせ、やる気をアップさせているわけです。

あれもできていない、これもできていない……と思うときも、なんとか評価できるポイントを探して評価してあげることが大切なのです。

中学受験と向き合うために

〈家族で受験に立ち向かえる親の習慣〉

勉強以外の話を積極的にする

共感を大事にすることのほか、ＳＡＰＩＸで保護者の方にもう一つお願いしているのは、「勉強以外のコミュニケーションを密にとってください」ということです。受験勉強に関する話ばかりではなく、学校のこと、習い事や趣味のこと。親子でさまざまな会話を楽しむようにしてください。

受験期になると、思春期にさしかかり、塾と家庭学習が忙しいのもあって一気に親子の会話が減ってしまうケースがあります。反抗的な態度も見られたりするので、お父さんお母さんも話しかけにくくなってしまうようです。

しかし、会話がないのはよくありません。**子どもは悩みや心配事があっても、なか**

なかなか相談できなくなってしまいます。親も子どもの様子がわからないと適切なサポートができません。受験もうまくいかなくなります。「中学受験したせいで親子関係が悪くなった」と、のちのちまで禍根を残すことにもなりかねません。

受験生だから無駄なおしゃべりは控えようと思わず、自然なおしゃべりを楽しむことです。親自身が家で楽しそうに過ごしていることが大事です。

中学受験と向き合うために

〈子どもの思考力を高める親の習慣〉
子どもの話は先回りせず、聞く

「思考力」をつけるためには、子どもの話を**「聞く」**ことも大事です。何の話であれ、子どもが自分で発信しようとしていることをちゃんと聞いてあげてください。

子どもが何かを長いこと考えていたり、全然違うことをしていたりすると、大人は先回りしていろいろと言いたくなってしまいます。そこをあえて我慢して、子どもが自分で考え、言葉にするのを待つのです。

もちろん、「**さっきは、こういうことだったけど、今度はどうかな?**」「**これはこういう意味かな?**」と適宜、助け舟を出すのがいい場合もあります。子ども一人では考えが進まずに困っている様子なら、言葉がけをしてあげてください。

ただし、子どもが何か考えようとしたり、発言しようとしたりしているうちに**先に**

答えを言ったり、「つまりこういうことでしょ」とまとめてはいけません。これはかなり忍耐力のいることです。でも、こうすることで、子どもの自分で考える力や自己解決能力を高めていくことができます。

思考力は中学受験においても、人生においても非常に重要な力です。近年の中学受験問題は思考力を問うものが多いですが、それは考えることをいとわず、自ら解決に向かえる力のある子を学校も求めているということです。

「自分で考える習慣」と、「友だちの意見から自分の思考を深める機会」を作ろう

なお、思考力は、受け身の授業や知識の習得だけでは身につきません。自分で考える練習が必要です。といっても、自分一人でウンウン考えていても先に進まないことは多いですし、幅も広がりません。序章で触れた国語の問題でもみられるように、中学入試では、自分とは違う境遇の人の視点で考えることができるような視野の広さも問われることがあります。さまざまな視点を取り入れることで、思考力も深まります。

ＳＡＰＩＸでは、討論式授業によって思考力を伸ばすようにしています。先生が問題提起をし、子どもたちが考える。子どもたちは自分の持つ知識をもとに、いろいろな案を出します。他の子の意見が刺激になり、「なるほど、それならこういう案もある」というように考えが進みやすいのが集団授業のいいところです。

子どもたちが自分で考え、友だちの意見も聞きながら思考を深めていくのは、とても楽しい経験です。もっと知りたい、考えたいという気持ちになります。

家庭でも、子どもの話を聞いて適宜考えるヒントを出せれば、思考力を伸ばすことができます。大事なのは、できる限り**答えを教えない**ことです。親も一緒に考えて意見を言うのであれば、それはいい刺激になり、思考を深めることになるでしょう。

図2-1 【まとめ】親はどんなサポートをすればよいか

上手なサポートの例		
中途半端に教えずにサポートに徹する 資料整理、スケジュール管理など	⟺	自分流の解き方を教える
できる限り見守り、アドバイスは最小限に ex.「今日はどうだった?」	⟺	子どもがつまずきそうなときはすぐに口を出してしまう
勉強に乗り気でない場合は、本人とじっくり話し合う ex.「最近塾が大変そうだけど、大丈夫?」	⟺	「勉強しなさい!」と一喝
できていないことは励ましながら自覚を促す ex.「この計算間違いがなければ過去最高の点数だったね」	⟺	できていないことを列挙して責める
勉強に関係ない話も積極的にして、コミュニケーションを密に ex.「昨日のサッカーの試合、すごかったね」	⟺	会話の内容を勉強に関することに限定
子どもの話は先回りせず、聞く ex.「これはこういう意味かな?」と助け船を出しながら聞く	⟺	「つまりこういうことでしょ」とすぐに話をまとめてしまう

〈勉強に熱中する子の親の習慣〉

親の最大のサポートは「学ぶ楽しさを共有する」こと

親ができる最大のサポートは、「学ぶことは楽しい」と子どもに思ってもらうことです。

「学ぶことの楽しさ」を知ってもらうには、親も子どもと同じ立場になって「一緒に考える」のがとても有効です。教えるわけではなく、勉強を一緒に楽しむのです。いくつかヒントを紹介します。

親子で計算のタイムを競う

たとえば、計算のタイムを競い、親子でゲームのように楽しんでいるという方がいます。最初は面倒に感じたけれど、やっているうちに楽しくなってお母さんも本気になったそうです。先に解き終わったと思っても、答え合わせでミスが見つかると悔しく、「次は絶対ミスしない！」とお母さんが言い、子どもが笑う。「時々、本当にケンカになります」とおっしゃっていました。

「私は算数が得意じゃないので……」という方がいますが、得意である必要はありません。できないところは子どもに教えてもらうつもりでやってみてください。1日5分程度の時間でも、よーいドンで問題に取り組んでみましょう。

漢字や語彙（ごい）を増やすゲーム

漢字にしても、単純な書き取りだと飽きてしまうので、**「さんずいの漢字を10個書く」**などお題を決めて親子でチャレンジしてみる。熟語を使って、親子でどちらが面白い例文を作れるか競ってみる。低学年なら**「最後に『ら』のつく3文字以上の言葉をたくさん言えたら勝ち」**。そんなふうに一緒に面白がることができると、子どもは勉強に前向きになります。

ニュースについて話し合う

高学年の子であれば、テレビのニュースを一緒に見て、意見を言い合うこともできます。「これについてどう思う?」と子どもに聞き、親も対等な立場で思ったことを言います。実際、そのようにして親子で楽しんでいるという話をよく聞きます。

共働きで忙しい家庭が多いですが、夕食後の少しの時間、ニュースを見ながら会話をするくらいならあまり負担になりません。それに、親が教える必要はないのですから、気楽です。短い時間でも、いかに一緒に楽しむか。工夫のしどころはあるのではないでしょうか。

学ぶ楽しさを共有していることが、大きなサポートになるのです。

中学受験と向き合うために

〈家族で受験に立ち向かえる親の習慣〉

「中学受験をやめる選択肢」も持っておく

始めてはみたものの、どうしてもやる気が出ないまま。

最初はやる気があったが、受験勉強よりもやりたいことができた。

そういうときは、途中でやめていいのです。当たり前ですが、中学受験がすべてではありません。

「やる気はないけれどとりあえず続ける」くらいなら、その時間を別のことに使ったほうが有意義です。**もし、他にどうしてもやりたいことが見つかったのだとしたら、それも素晴らしいことです。**才能を発揮して、普通はなかなか歩めない道を歩むことができるかもしれません。そういうときは親子で話し合って、方向転換すればいい。

自分たちの選択をとがめることは誰にもできません。


途中でやめることには勇気が要ることは確かです。

「せっかくここまで頑張ってきたのに」

「こんなにお金もかけてきたのに」

と思ってしまうのですね。

でも、**途中でやめたら、そこまでの頑張った経験が無駄になるというわけではないでしょう。**中学受験に向けていつもより勉強を頑張り、難しい問題にもトライし、考える楽しさを知ったこと。学習の計画を立て、実行し、振り返るというサイクルを作ったこと。今後の人生に役立つことをたくさん経験し、きっと成長しているはずです。それを認めて、前向きに選択することが最も大切です。


お父さんお母さんには、中学受験がすべてではないことを心に置きつつ、「中学受験をする選択をしたなら、頑張らせることに躊躇（ちゅうちょ）しない」と考えてもらいたいと思います。

第3章

SAPIXが教える中学受験のための勉強の基本

なかなか成績が上がらない……

勉強の仕方を知りたい

「ミスしないで！」って言ってもミスが多い

「知識」をつける学習と、「思考力」をつける学習は分けて考えよう

序章でも述べましたが、現在の中学入試では、知識を「習得」し、そのうえで自分なりに「思考」する力が求められています。

「思考」と「習得」の二つを高いレベルで両立させることができれば、難関校の入試問題にも対応できるはずですが、「両立させるのはそう簡単なことではありません」とSAPIXの先生は言います。

というのも、「習得」を進めるのと、「思考」する力を育てるのでは、取り組む際のポイントが異なるからです。

「習得」は時間効率を重視して取り組む
「思考」は時間効率を無視してじっくり取り組む

中学受験では、当然ながら試験時間が決まっています。そのため、短時間で解ける方法を習得しておく必要があります。また、中学受験で求められる内容は年々増えていますので、それをしっかりカバーしようとすると、入試までの短期間で多くのことを習得する必要があります。

「習得」の際のポイントは、時間効率です。塾通いをしていれば、その塾のカリキュラムに沿って学習を進められるためその点では安心ですが、教材の内容を消化できなければ意味がありません。

「習得」には反復演習が有効ですので、基本的な内容については、繰り返し学習して使いこなせる状態にしておく必要があります。

使いこなせる状態とはすなわち、短時間で頭から引き出せる状態のことです。時間をかければ正解できる、正解できるがところどころで悩んでしまう、という状態の場合、もう少し時間をかけてくり返し練習する必要があるといえます。

一方、「思考」する力を高めるためには、時間制限の枠を取り払って、自分なりにじっくりと考えることが大事になります。実は、基本的な内容にこそ掘り下げる要素が多くあります。そのため、「思考力」が必要な問題を解く際だけではなく、基本的な内容を習得する際にも、時間効率を気にせずに、深く思考していくことが必要です。

「深く思考する」といっても、何をすればよいのかわからない人も多いと思います。具体的な例を挙げると、図３－１のようになります。

図3-1 「深く思考すること」の例

- 間違えた問題について、なぜ間違えたのかを考えてみる
- 公式の成り立ちや、解法のしくみを考えてみる
- 解説に書かれている内容のうち、納得できない部分を掘り下げる
- あえて解説に書かれている方法以外の解き方を試してみる

ただ、実際には、「習得」する場面と「思考」する場面は

明確に分けられるものではありません。

図3－1の例には、「習得」しようとする中で発生するものも多く含まれています。

いろいろな場面で、「なぜ？」「どうして？」という疑問を大切にして、一つひとつじっくり取り組んで解決していく姿勢が大事です。

次ページからそれぞれのより詳しい学習法を紹介していきます。

どうすれば
うまく解ける
かな？

繰り返して
身につけよう

1808年…
1902年…

プロが教える勉強法

「習得」の際には、背景を理解したうえで暗記する

優先して習得すべき内容とは、算数でいえば、基本事項に加えて「典型題」と呼ばれる問題の解き方などです。国語では語彙や文法、漢字、文章の種類に応じた読み方、理科・社会の基本知識もこれにあたるでしょう。

こういった基本の内容でわからないことがあれば、先生に質問するなどして早めに解決することが必要です。

その際、**ただやり方や知識を暗記するというのではなく、考え方やなぜそうなのかといった背景を理解したうえで覚えることが大切**です。考え方を理解していないと、少し問題のパターンが変わるだけで解けなくなることがあるためです。

そのうえで、問題を出されたらすぐに解答できるよう、繰り返し練習することで「経験に基づく感覚」を養うのが望ましいといえます。

算数の「速さの問題」を例に説明しましょう。

「速さ」の単元では、

- 速さ×時間＝距離
- 距離÷時間＝速さ
- 距離÷速さ＝時間

という「速さの三用法」を学びますが、これをただ暗記すればいいわけではありません。なぜ、こういう式になるのかを理解することが大事なので、最初は意味を考えながら計算します。

そして繰り返し練習することで、経験に基づく感覚が養われ、すぐに解けるようになります。たとえば時速40キロメートルの速さで4時間進んだときの距離を聞かれたら、「時速40キロメートル×4時間で160キロメートルに決まっているでしょ」と瞬時にわかる。

理屈もわかって練習もしているから、パッと計算が出てくる。ここまで持っていけることが理想です。

プロが教える勉強法

思考系の問題は、時間を気にせず、自分なりに考えた経験が大事

一方で、思考力を問われる問題については、先ほども述べたように時間制限を一度取り払って、じっくりと取り組むことが重要です。この手の問題については、何回くり返したかが大事なのではなく、**最初の1回でどれだけ深く考えられたか**が大事なのです。

難しいと感じる場合は、時間をおいて少しずつ考えてみてもよいですし、すべて仕上げることにこだわる必要もありません。途中まででもよいので、「こうしたらどうか」「このやり方なら解けないか」と試行錯誤して、自分なりに考えた経験が思考力を養うことにつながるからです。

図3-2　算数の思考系の問題の例

何枚かの折り紙で鶴（つる）を折ります。すべてを折るのに、5人で手分けをしても6人で手分けをしてもかかる時間は変わりませんが、7人で手分けをすると、かかる時間が短くてすみます。折り紙は全部で何枚ありますか。考えられる場合をすべて答えなさい。

（栄光学園中学校　2007年5）

逆に、この手の問題を、わからないからといってすぐに答えを見たり、先生に質問したりして解決しようとしても、あまり効果は得られません。

算数の思考系の問題の例として、図3-2の問題を取り上げます。問題文はシンプルですが、一目見ただけではすぐに方針を立てることが難しいでしょう。

「5人で手分けをしても6人で手分けをしてもかかる時間は変わりませんが、7人で手分けをすると、かかる時間が短くてすみます」という条件を、算数の問題として解き進められる条件に置きかえることが必要で、ここが一番頭を使うところです。

「難しい問題」＝「重要な問題」とは限らない！

算数において、難しい問題の主なパターンを挙げると、次のようになります。

①高度な解法を用いる必要がある問題
②基本的な解法や知識を何種類か組み合わせて考える必要がある問題
③あるポイントに気づかないと解くのが困難な問題
④条件が複雑に設定されていて、それを解きほぐす必要がある問題

先ほどの図3－2の問題は、③に分類することができるでしょう。

また④は、その場で試行錯誤したり条件整理したりしながら解き進める必要がある問題です。

③や④の問題は、自分なりに考えて取り組むことが大事であり、同じ問題を繰り返し学習することにはあまり意味がないともいえます。

一方、①や②は、基となる解法を理解しているかどうかがポイントとなる、「習得」の要素が強い問題です。

この手の問題の中には、難しいけれども理解しておいたほうがよい問題と、あまり入試では問われない内容なので取り組む優先度が低い問題があります。習得すべき内容かどうか判断がつかない場合は、塾の先生などに尋ねてみるとよいでしょう。

「難しい問題」のほとんどは基本事項の組み合わせで解ける

難問と呼ばれる問題も、ベースとなっているのは中学入試に向けた学習の中で必ず触れる基本事項であることがほとんどです。

算数が得意な子は、今までに習得した内容を活用するのが上手なのです。

難問を解くためには、ベースとなる基礎事項を十分に理解しておくことが必要です。基礎事項の理解が不十分な状態で無理に難問に取り組んでも、効果は薄いといえます。難問にチャレンジして歯が立たないように感じたら、基本事項の確認にもう一度時間を割いたほうがいいかもしれません。

プロが教える勉強法

算国理社の割合は5：3：1：1

中学受験に必要な教科の勉強は算数・国語・理科・社会の4教科ですが、最も時間をかけたいのは算数です。入試問題では一問あたりの配点が大きいこともあり、得点に差がつきやすいからです。また、算数の問題を考えるのには時間が必要なので、どうしても時間のかかる教科だと思っておきましょう。

教科の時間配分の目安としては、**算数5：国語3：理科1：社会1くらいが理想**です。

国語は、文章を読むのに時間がかかるので、ある程度まとまった時間が必要になります。

一方、理科と社会の知識については、まとまった時間、机に向かえば覚えられるというわけではないので、隙間時間を上手に使って覚えていったり、普段の生活の中で理科・社会の学習と関連づけながら知識を定着させたりすることが有効です。

学習のスケジュールを組むときは、算数と国語の時間をまず配置して、その合間の短い時間に、理科・社会と、国語の漢字や語彙を、5～10分でも組み込んでいくというイメージです。

もちろん理科・社会についても、問題を解く際にはある程度まとまった時間が必要です。とくに理科は、計算が必要な単元ではさらに時間を要することもあるでしょう。

先ほど示した時間の比率はあくまで一つの目安として、そのときの学習内容に応じて柔軟に調整していきましょう。

プロが教える勉強法

途中で勉強がわからなくなったときに、起こっていること

ＳＡＰＩＸをはじめとする進学塾の多くは、４年生から受験に向けたカリキュラムをスタートさせます。５年生、６年生と学年が上がるごとに内容のレベルも上がっていきますので、ついていくのが難しくなることもあります。

「勉強が難しくなった」「急にわからなくなった」というとき、「学年が上がった」ことを理由と考える人も多いのですが、実際には、**それまでに学習した単元の中に、理解が甘いところがあるのがつまずきの要因になっているのがほとんどです。**

とくに算数は、これまで習得した考え方を前提として、新しいことを学んでいく教科です。「この単元が苦手だ」と思っているけれど、実はもっと前の段階の内容をわかっていないということは多いのです。

たとえば、「時計算」。「午後3時から午後4時の間で、長針と短針が重なるのは何時何分ですか」「午後3時10分のとき、長針と短針が作る角度のうち小さいほうの角度は何度ですか」といった問題が基本のパターンとして出てきます。

時計算でつまずく要因として考えられるのは、主に次の三つです。

①小数・分数計算に不安がある
②図を書くことを億劫がる
③旅人算の追いかけ・追いこしの考え方に不安がある

原因が①や③の場合は、時計算のテキストばかりやっていても、実はあまり解決になりません。小数・分数の計算や旅人算の基本に立ち返る必要があります。

「どこに戻ればいいか」がわかるうちはまだいいのですが、理解の甘い単元をいくつも残しておくと、そのうちどこでつまずいているのか、どこに戻ればいいのかがわからなくなってきます。
授業が進んでいったときに、戻りながらも新しいことを習得していくのは大変です。そうならないように、**4年生のうちから、基本をおろそかにせずに復習していくことが必要です。**とくに算数はこのようなことが多いので、得意不得意が出やすくなります。

逆にいえば、一つひとつコツコツと積み上げていくことができれば入試にちゃんと間に合います。その意味では、「才能よりも、努力を続けられることのほうが、入試の結果に与える影響は大きい」とSAPIXの先生は話されていました。

プロが教える勉強法

わからない問題は、ちょっとずつ答えを見る

苦手な分野の問題では、「考えなさい」と言われても何をどう考えたらいいのかわからない場合もあります。答えまでは出せなくても、問題文を読んでわかることをまとめるなど、できる限りのことはするべきですが、それでも途中で固まってしまうこともあるでしょう。その状態で、さらに問題に取り組み続けても、なかなか解決しないものです。

そういうときは、どうしたらいいでしょうか。

SAPIXの先生は、解説を見てもかまわないと言います。まずは考えようとすることが大事ですが、どうしてもわからなかったら解説を見てしまいましょう。

ただし、あきらめて解説を全部読むのではなく、たとえば算数の問題であれば、**解説の流れに沿って、解説部分を上からちょっとずつ見ていく**のです。途中で「あ、そういうことか」とわかったら解説を閉じて、続きを考えます。そうやって自分で考える部分をできるだけ増やすのです。

慣れてきたら、時間はかかっても全部自分で考えることを優先しましょう。自分で納得するまで考えてから解説を読むと、よい解き方はなぜよいのかが理解できます。「なるほど！　そういうことか！」と腑に落ち、この経験が大きな力になるのです。

子どもが「わかってなさそう」なときは？

また、子どもを見ていて、「本当にわかってるのかな？」と思ったら、**子ども自身に考えた内容を説明してもらうこと**です。

難しい問題の考え方・解き方について「これってどういうことだったの？」と聞きます。そのとき、親自身が問題の解き方などを知っている必要はありません。それでも子どもの様子から、「自信がありそうだからわかっているな」「ちょっと怪しいな」

などとわかるはずです。

本人も、しゃべりながら考えの足りないところ、あいまいな部分に気づくでしょう。

プロが教える勉強法

間違えた問題の振り返り方

問題を解く際には、間違いがつきものです。

間違っていた問題については、解き直しの前にやることがあります。どこで間違えたのかを振り返ることです。

解きっぱなしにするのではなく、**「振り返り」と「解き直し」**をしましょう。

振り返りをして勘違いしていた部分がわかれば、解き直しが半分終わったも同然。効率よく解き直すことができます。逆にいうと、振り返ることなく同じ問題を解き直しても「なぜ間違えたのか」がわかっていなければ、根本的な理解につながらないことも多いです。

自分の解答を見直して、「何がわかっていたら正解になったのか」「知らなくて間違えたのか、勘違いなのか、計算ミスなのか」などを確認しましょう。

図3-3　台形の問題

下の図の台形の面積は42㎠です。
□にあてはまる数を答えなさい。

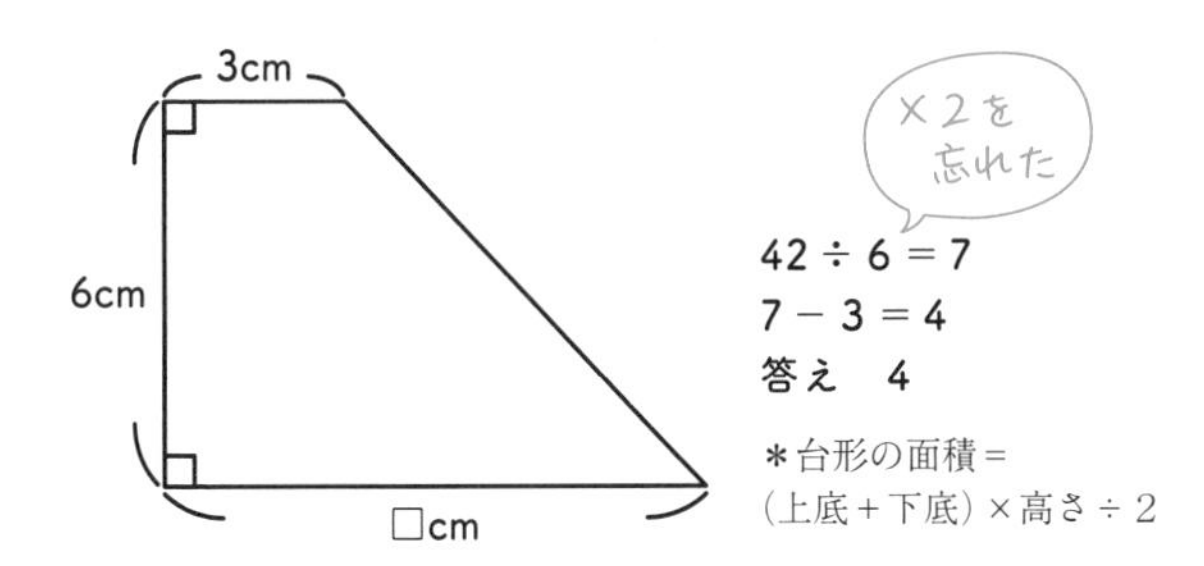

間違った問題にコメントを残そう

振り返りをするときは、上の例のように、間違えたポイントを自分で一言コメントのように書くのがおすすめです。コメントを残すことで、自分の頭の中を再整理することができます。

プロが教える勉強法

「ミスしないようにね」では、ミスはなくならない

お父さんお母さんはよく「ミスしないようにね」「ミスを減らそうね」と言ってしまいますよね。でも、**これらの言葉には何も具体性がありません。**具体的にどうしていいかわからないので、この言葉だけでは実際にミスを減らすことにはつながりません。

「今回は単位の間違いに気をつけよう」「今回は問題文を正確に読もう」というように具体的な行動に落とし込んではじめて、ミスを減らすことができます。そのために、たくさんミスをして分析することが大事です。

先ほど例に挙げたように、普段からミスの原因を自分でまとめていくと、自分がしやすいミスがだんだんわかってきます。その内容をもとに、テストにおける目標を具体化していくとよいでしょう（「今回のテストでは、単位の勘違いをしない」など）。

ミスを振り返って分析するのも勉強の一つです。この習慣がついていると、大学受験を含め、社会に出てからも必ず役立ちます。人間は失敗する生き物。失敗自体を完全に防ぐことはできませんから、失敗したらそれを振り返って次に活かすことが重要なのです。

プロが教える勉強法

授業用のノートは、「これは知らなかった！」と思ったことを書こう

塾の授業中、板書はどうするのがよいのでしょうか。

ＳＡＰＩＸの溝端先生は、「**これは知らなかった**」「**気づかなかった**」「**これは大事だ」と思ったことは必ずメモする**ようにと指導しているそうです。

理由は二つあります。一つは、書くことで記憶に残しやすくすること。

もう一つは、今聞いた話を再整理する練習になるということです。授業を受けながら、自分で考えてまとめ直したり、あとで見てわかるように端的にまとめたりすることは、思考を伴う作業です。こういった作業をいとわずにできる子は、伸びるのです。

入試問題を解く際にも、条件を整理する、図にするなど、作業をしながら考えることは多くあります。こういった作業には練習が必要です。塾での授業中にその場で考えたこと、気づいたことをメモをとるようにすると、とてもいい練習になるのです。

プロが教える勉強法

なかなか成績が上がらない！

頑張っているのに成績が上がらないという場合は、まず、どこでつまずいているのかを見つけるとよいでしょう。

また、頑張っているのに結果が出ないときは、知識が次ページ図3－4の左のようになっていることがあります。知っておくべき知識全体の中で、知っていることがぽつぽつある状態だと、なかなか点数になりません。しかし、勉強していくことでこれが埋まってきて、7～8割ほどになると、知識がつながって全体が見えてきたり、どこが抜けているのかがわかるようになってきたりします。すると、成績はぐーっと上がります。

途中の段階は、苦しいと思います。今のまま成績が上がらないのではないかと心配

図3-4　知識が結びついて成績が上がる！

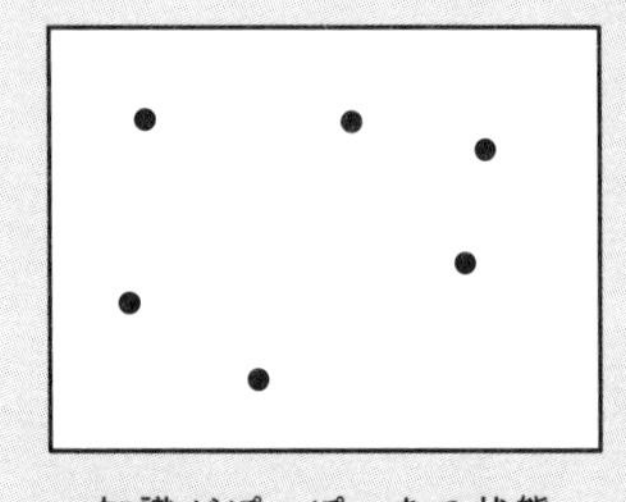

知識がぽつぽつある状態
＝
点数に結びつきづらい

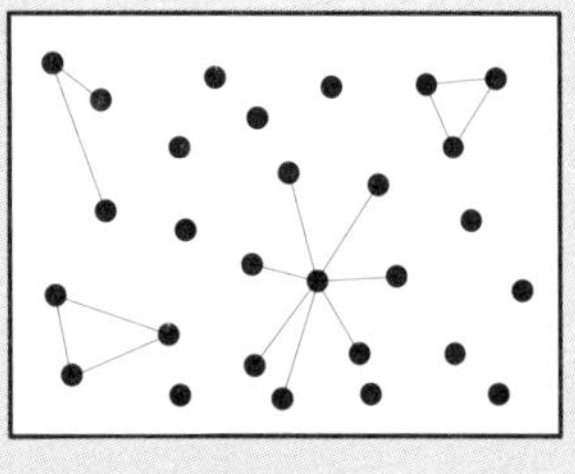

知識で埋まっている状態
＝
点数に結びつきやすい

になることもあるでしょう。でも、そこで頑張って、コツがつかめてくると、加速度的にわかるようになっていくものなのです。

したがって、**一番の問題は、その段階に達するまでに「もうダメだ」とあきらめてしまうことです。**

直感的にわかって解答できる子もいれば、コツコツと勉強して伸びていく子もいます。

そこを理解して、あきらめずに取り組んでいきましょう。

プロが教える勉強法

学力が伸びる子の特徴とは

勉強で伸びる子には、いくつか特徴があります。これまでお話しした内容と重なる部分もありますが、ここであらためてまとめておきましょう。

【特徴1】観察力が鋭い

観察力のある子は、みんなと同じように話を聞いたり物を見たりしても、そこから得られる情報量が多いです。一つのことから学べることが多いのです。

観察力は好奇心や興味関心の強さから生まれます。何にでも興味を持ったり、好奇心を持って物事に取り組める子は、受験勉強でも伸びるのです。

【特徴2】作業をいとわない

入試問題は、**条件を整理する、図にするなどの作業が必要になります。**こうした作業は、日々の積み重ねによって的確に進めることができるようになります。日頃から、こうした手間のかかる作業に根気よく取り組める子は有利です。

【特徴3】「なぜ？」「どうして？」を大事にする

教えられたことをそのまま受け取るのではなく、「なぜこうなるのか」と疑問を持つ子は伸びます。**「なぜ？」「どうして？」が学びを深める原動力になるだけでなく、論理的な思考に結びつく**からです。

【特徴4】コツコツ努力できる

基本の問題を反復練習したり、考えながら作業をしたりといった地道な勉強をコツコツと積み上げていくことができる子が伸びます。努力できることもまた才能です。**入試の頃にぐっと伸びるのはやはりコツコツやってきた子**なのです。

第4章

低学年のうちにやっておきたいこと

――勉強が楽しくなる子どもとのかかわり方

低学年から勉強したほうがいいですか？

低学年のうちに身につけられることは？

もっと本を読んでほしい

低学年でできること

低学年で何をしておけばいいのか？

中学受験に向けたカリキュラムは新4年生（3年生の2月）から始まります。

今は中学受験を意識して塾に通い始める時期が早まっているという話はしましたが、低学年のうちにやっておきたいのはいわゆる受験対策ではありません。

第2章でお話しした「学ぶことは楽しい」と思える環境を作るのも、大事なことです。

SAPIXの溝端先生は、「低学年でやっておきたいこと」として、大きく三つのことを挙げています。

①興味の幅を広げる
②自分なりに考える経験を積む
③漢字や語彙、計算の練習をする習慣をつける

それぞれ解説していきましょう。

低学年でやっておきたいこと

学習面

- □ 興味の幅を広げよう
  面白そうなものにたくさん触れる
- □ 自分なりに考える経験を積もう
  「考える」ことに慣れるのが大事
- □ 漢字や語彙、計算の勉強をする習慣をつけよう
  基本スキルは必須
- □ 数量感覚を身につけよう
  日常のさまざまな場面で数に触れる経験をしよう
- □ できるだけ本を読もう
  苦手な子は一緒に本を読むなどの工夫をする

準備面

- □ 3年生はそろそろ塾を考える人が多くなる時期
  通塾するなら、塾を探したり入塾テストのために学校のおさらいをしたりしておこう
- □ 気になる学校があれば、見学してみよう

Point 「学ぶことは楽しい」と思える経験をできる限り積もう

低学年でできること

〈低学年でやっておきたいこと〉
①興味の幅を広げる

前向きに学び続ける力は一生ものです。大人になっても、夢や目標を叶えるため、あるいは問題を解決するため、前向きに学ぶことができれば人生をよくしていくことができます。

中学受験も、前向きに学び続ける力がとても大切です。

「学ぶって面白い！」

「もっと知りたい！」

そんな気持ちを大切にしてください。子どもは本来、好奇心旺盛で知りたがり屋なものです。周囲の大人は、それをつぶすようなことがあってはならないのはもちろん、さらに興味の幅を広げられるように働きかけることが大事です。

子どもが何に関心があるのかわからないときは、**お父さんお母さんが好きなもの、**

面白そうだと思うものがあれば、「一緒に見てみようよ」と誘ってみてください。何にハマるかは子どもによってさまざまなので、せっかく用意しても興味を持たないということもあると思いますが、それでかまいません。一つでも興味を持ったらOKと考えましょう。とにかくいろいろな対象に触れさせてあげることが大切です。

SAPIXの低学年の授業では、「これ面白い！」と思ってもらえるように、さまざまな入り口を用意しています。

たとえば、3年生の理科では透明なアクリル板と曇ったアクリル板を見せながら、「透明なアクリル板を曇らせるにはどうしたらいいと思う？」「逆に曇ったアクリル板を透明にするにはどんな方法があると思う？」と聞き、意見を出し合います。そこから、「透明ってどういうことだろう？」と興味を広げていきます。

国語なら面白い物語文。算数ならパズルやゲームの要素を入れる。社会なら日本各地の特徴に触れていくなど、興味を持ってもらう工夫をしています。

興味を持つ→知る・わかる→面白い！

という経験をたくさんした子は、学ぶことに前向きになります。自然と観察力も身につき、同じものを見たり聞いたりしても、得られる情報量が多くなるのです。

塾では、子どもたちの興味をひきそうな、さまざまなものを用意しますが、家庭でしかできないこともあります。

その代表が旅行です。**旅行**は発見の宝庫です。

たとえば、山に行くと、さっきまで晴れていたのに急に雨が降って驚くことがあります。**「山の天気は変わりやすいって言うけど、なぜなんだろうね？」**と話し合ってみたり、一緒に調べてみると面白いかもしれません。石が好きな子なら、川できれいな石を拾いながら**「石の色の違いは何からきているんだろう」**と考えるのもいいですね。

旅行先の**土地の名産や歴史的な建造物**も、調べてみると発見があることでしょう。体験を通じて感じたこと、驚いたことは、最高の学びです。

学年が上がって、テキスト等で学習するときも「あの旅行で見た！」と思えば吸収力が違います。

低学年でできること

〈低学年でやっておきたいこと〉②自分なりに考える経験を積む

低学年のうちは、「考える習慣」をつけることが大事です。頭のやわらかいときこそ、どんどん考えて思考力を鍛えましょう。

「なぜ夜は暗いの？」

「人間の体って何でできているの？」

子どもは次々に「なぜ？」「どうして？」「こうしたらどうなる？」という疑問を持つものです。「なんでなんで攻撃」に困ってしまった経験のあるお父さんお母さんも多いのではないでしょうか。

一緒に調べてあげたり、丁寧に教えてあげるのも素晴らしいですが、**「なんでだと思う？」**と本人に考えさせるのもぜひやってほしいことです。

そのためには、**大人が何でも先回りして答えないようにしなくてはなりません。**大人から見て未熟な考えかもしれませんがいいのです。大事なのは、「考えることが楽しい」と思えることです。

高学年になって受験勉強が本格化すると、時間的に余裕がなくなってきます。そのときに「考えることが面倒くさい」という感覚があると、複雑な問題をあきらめてしまったりします。**だからこそ、低学年の今のうちに「長い時間考え続ける」ということに慣れておきましょう。**

低学年でできること

〈低学年でやっておきたいこと〉③漢字や語彙、計算の練習をする習慣をつける

漢字や語彙、計算は、とても大切な基本スキルです。

でも正直にいって、同じ漢字や言葉を何度も書いたり、似たような計算を何度もやったりするのは、あまり楽しいことではありません。

SAPIXで伝えているのは、**「漢字や言葉、計算は、大事なコミュニケーションツールなんだよ」**ということです。

漢字や言葉がコミュニケーションツールというのはわかりやすいですね。誰かの文章を読んだとき、そこに書かれている言葉がわからなければ理解することができません。文章で表現するときも、漢字が間違っていたりすれば、読み手に誤解を与えてしまいます。

一方、算数においては、計算がコミュニケーションツールです。相手の考えは計算式に表されているので、それを読み解かなくてはなりません。そう考えると、計算は算数における言語のようなもので、練習して習得しなければ先に進めないのです。

こういった基本スキル習得に向けた練習は、できるだけ幼いうちから習慣づけしておくと、あとが楽になります。

低学年でできること

〈低学年のときに知っておきたいこと〉
先取り学習のメリット・デメリット

低学年のうちから、先取り学習をしているケースは少なくありません。

子ども本人に余裕があり、興味関心のあることを掘り下げていった結果の先取り学習は、力を伸ばす大きなきっかけになることも多いので、何の問題もありません。

一方で、**押しつけられた先取り学習には、弊害があります。**

その一つは、「知っていることがえらい」と勘違いしてしまうことです。

周りの大人は「5年生でやることなのに、もう知っているなんてすごいね」といった声がけをしがちです。こうやってほめられていると、勉強とは知識を仕入れることだと思ってしまいます。

しかし、**ただ知識が多くても勉強ができることにはなりません。**学年が上がるほど、知識を使って「考える」ことが必要になります。中学受験は知識だけでは太刀打ちできないのはすでにお話しした通りです。

学校や塾の授業を「もう知っているよ」と思って退屈に感じてしまうのも弊害の一つです。「そんなの知っている」「もうできる」と過信して、基本スキル習得をおろそかにするケースもあります。

ですから、SAPIXでは3年生までは先取り学習をしません。小学校で習う範囲の知識をベースにして、頭を使うような授業にしています。大事なのは、先取りをするかどうかよりも、**興味の幅を広げること、自分なりに考える経験を積むこと、そして基本スキルをしっかり習得すること**です。

低学年でできること

〈低学年でやっておきたいこと〉

生活の中で「数量感覚」を身につけよう

生活の中で身につけられるものとして、「数量感覚」があります。

家庭では、次のような場面で「数量感覚」を意識してみてください。

- **車や電車に乗るときに速さに注目する**

「車は時速40キロメートルだけど、新幹線は時速250キロメートルを超えるんだ」

- **料理の手伝いをする際に重さや体積に注目する**

「2人分でお砂糖5グラムだけど、4人分だとどのくらい必要かな？」

「1カップは200ミリリットルだけど、4分の3カップは何ミリリットルになるかな？」

- **買い物に行く際に「◎割引き」「□％引き」といった割合に注目する**

「1000円の商品が2割引きだって。どのくらい安いかな？」

「『定価の90％オフの大セール！』はどのくらい割引になっているのかな？」

地図を見て長さと縮尺に注目する

「地図の縮尺によって、100メートルの距離が地図上でどのくらい離れて見えるかが変わるよ」

こんなふうに、数に慣れ親しむ機会は探せばたくさんあります。生活の中で身につけていけるといいですね。

低学年でできること

〈低学年でやっておきたいこと〉読書に親しもう

文章を読んで理解する力は、すべての土台になります。子どもにはぜひ「本が好きな子」になってもらいたいですね。中学受験の国語の問題は、かなり長い文章が出てきます。しかも、206ページのように普段は読まないような、大人向けの論説文や評論が出題されることもあります。

とはいえ、低学年のうちから難しい本を読む必要はありません。とにかく「本を読むのは楽しい」「読書が好き」と思えることが大事です。名作文学を読んでほしいからと、無理やり読ませようとすれば逆効果になってしまいます。本人が読みたいと思うものをどんどん読ませてあげてください。図鑑や雑誌でもかまいません。本の世界に入り込む経験になりますし、興味の幅を広げることにもつながります。

親子で同じ本を読み、それについて感想を話し合ったりするのもいいですね。親子で一緒に本を楽しむ経験は、今後の読書の大きな支えになるでしょう。

第5章

4年生の勉強＆スケジュール

もう受験メインの生活にしたほうがいいでしょうか？

教科ごとの勉強の仕方を知りたい

動画とゲームがやめられない

〈中学受験で伸びる子が4年生でやっていること〉

受験以外にも関心を広げながら、学習習慣をつけていこう

4年生になると、中学受験を念頭に塾に通い始める人も増えてきます。

この時期から受験を意識した勉強も始まりますが、あまり受験勉強に絞りすぎず、いろいろなことに興味関心を持って学べるとよいでしょう。

また、この頃に学習の習慣もつけておきたいところです。

4年生でとくに身につけておきたいことなどをまとめます。

4年生でやっておくべきこと

学習

- □ 学習習慣をつけよう
- □ 算数：数や図形の基本を押さえよう／各種特殊算の解法を理解しておこう
- □ 国語：具体性の高い物語や説明文を理解しよう
- □ 理科：身の回りの不思議に目を向けよう
- □ 社会（地理）：頭の中に日本地図を描けるようにしよう

準備

- □ 教材の整理や勉強のペース配分などは親の手伝いが必要
- □ 引き続き、気になる学校があれば、学校行事や説明会などに参加しよう

Point テストの点数に一喜一憂せず、学習習慣を確立することを重視しよう

4年生でやるべきこと

〈4年生の勉強法〉学習習慣を身につけよう

4年生の目標は、学習習慣をしっかりつけることです。

ただし4年生のうちは、「何時間勉強しよう」などということは決めなくてもよいと思います。子どもによって集中力が続く時間は異なりますし、最初から「◎時間勉強する」などと時間から決めると、「勉強嫌い」になりかねません。

毎日少しずつでも勉強することを目標にし、「この曜日にはこれをやろう」という1週間の大まかなスケジュールだけ決めておきましょう。あまり細かく決めても、うまくいかないものです。うまくいかないとイヤになってしまいます。大事なのは勉強への心理的なハードルを下げていくことです。ざっくりしたスケジュールを組むことと、達成感を感じられるようにすることがポイントです。参考までに、図5－1に一例を挙げておきます。

図5-1 毎日少しでも勉強するスケジュールの例

＊朝に計算問題と漢字・語彙の練習。
できたら理科・社会のテキストも読む

月曜日	習い事から帰ってきたら算数の復習
火曜日	塾
水曜日	国語の復習　寝る前に社会を15分程度
木曜日	塾
金曜日	算数の復習
土曜日	野球の練習から帰ってきたら国語の復習　理科・社会の問題を解く
日曜日	午前中に算数と国語の復習 ＋終わっていないことに取り組む

朝は起きたあと、ルーティンとして計算練習や漢字・語彙練習、理科・社会のテキストを読む、といった短時間で集中して取り組むべき内容を組み込みましょう。

算数と国語の問題に取り組む際はある程度まとまった時間が必要なので、集中して取り組める時間帯に入れておきます。

理科・社会の問題演習は、知識の確認がある程度進んだ後で行なうのが効果的です。

あとは、土曜か日曜に余白の時間、つまりその週で終わり切らなかった内容に取り組める時間を設定するとよいでしょう。

予定をクリアできたらカレンダーにハナマルをつけるなど、何かしら達成感を感じられるものを用意しておくといいですね。そして、残った時間はゲームで遊ぶ、漫画を読むなど好きなことにあてる時間にすればいいでしょう。

早めに課題が終わったら「勉強はおしまい」でいい

子どもの課題が早く終わったように見えたからといって、「できたなら、これもやれば？」と課題を増やすのはおすすめしません。

本人にやる気がある日ならいいのですが、そうでない場合、「頑張れば頑張るほどやることが増える」と感じると、イヤになってしまいます。

親から見ると甘い目標に感じても、クリアできたら「できた！」という達成感を味わうことを大切にしてあげましょう。

理想を言い始めると、「あれもやったほうがいい」「これもやったほうがいい」ということになりますが、それを押しつけて勉強嫌いになっては、意味がありません。できるところからスタートするのが肝心です。

時間で区切ったほうがいい？
課題で区切ったほうがいい？

学習の計画は、その日にやるべきことを決めて取り組むわけですが、日によってなかなか終わらないこともあると思います。算数の問題を4ページ分やる予定だったが、思ったより進まずに、あと1問を残して夕飯や入浴の時間になってしまったというようなこともあるでしょう。

そんなとき、予定通り進めることを優先したほうがいいか、途中であっても時間で区切って翌日に回したほうがいいかは、子どものタイプによって違います。

取り組んでいる問題が解決しないままやめてしまうことがイヤだと感じる子は、時間を延長して、キリのいいところまで頑張ったほうがいいでしょう。睡眠時間は確保しなくてはなりませんが、本人が納得できるまで取り組みます。

一方、時間で区切ってしまったほうがいい子もいます。「まだ終わっていないのだから、もうちょっとやりなさい」と言っても、すねてしまって全然進みません。無理に予定をこなさせようとしても逆効果です。その場合は、潔く時間で区切って終了にしてください。「今日も○時間頑張ったね」と認めて、気持ちよく1日を終えることです。そうすれば翌日に「昨日解けなかったところも頑張るぞ！」と張り切ってできます。

これは子どもの個性なのです。無理に矯正しようとせず、個性に合わせて柔軟にスケジュールを組むことが大事です。

そもそも最初に決めたスケジュール通りにいくことなんてめったにありません。お父さんお母さんは、子どもの様子を見ながらスケジュールは見直すものだという心づもりでいるのがいいのです。

4年生でやるべきこと

〈4年生の勉強法〉

「ながら勉強」はやめ、集中して取り組む習慣をつけよう

4年生からは勉強の時間を毎日少しでも組み込んでいきたいところですが、長ければ長いほどいいというわけでもありません。1日は24時間。限られた中に、学校、習い事、遊びや趣味の時間、そして食事や入浴、睡眠と大事な時間があります。そういった時間を削って勉強時間を捻出しようとするよりも、限られた時間で集中して勉強する練習をしましょう。

避けなければならないのが「ながら勉強」です。テレビをつけっぱなしにして、なんとなく見ながら。きょうだいと遊びながら。おやつを食べながら。

何か別のことをしながら勉強していると、当然ながら集中力が分散します。集中できていないので、せっかく勉強しても頭に残りにくいうえ、時間が余計にかかります。

「今日は3時間も勉強した！」と言っても、実質は1時間程度ということだってあるのです。

たとえばテレビについて。テレビはつけっぱなしにするのではなく、見たい番組があるときだけ電源を入れるのがコツです。

テレビをつけっぱなしにしていると、情報を聞き流す習慣がついてしまいがちです。特定の番組を見ると決めたら、その時間はテレビを見ることだけに集中したほうがいいでしょう。もちろん、「朝、出かける前はニュース番組をつけておく」といった家庭での習慣自体は問題ありません。

人の話を集中して聞くことも、4年生からしっかり身につけたい習慣です。

塾での授業中でも、先生の話を聞きながら荷物を片づけるなど、何かをしながら話を聞く子はけっこういます。すると、やはり話に集中できていません。話を集中して聞くことができる子と、注意力が散漫な子とでは、理解度に大きな差が生じてしまいます。

一つひとつ集中して取り組むことを意識して習慣づけていきましょう。

4年生でやるべきこと

〈4年生の勉強法〉

行事・旅行・好きなことを深める時間も大切に

4年生のうちは、勉強一辺倒というわけではなく、家の手伝いや季節の行事、旅行など、いろいろな経験ができるとよいでしょう。遠回りに思えても、よい影響があります。

季節の行事については、いつ、なぜその行事があるのかということを知り、体験することで生きた知識になります（実際に入試に出されることもあります）。

旅行に行った際は、地域の特色を肌で感じながら「なぜ、これが発展したのか？」ということを一緒に考えたり調べてみたりしてください。 その土地の産業や文化は、気候的な条件や地理的な条件などによって発展しているものですし、歴史にもかかわることがあります。親子でそういう話をすることで、興味も広がります。日頃から

「なぜ？」という視点を持っていれば、問題を解く際にも活かされるに違いありません。

また、**興味があることについては、勉強に関係があるかどうかにかかわらず、積極的にチャレンジしてほしいと思います。**4年生の間はまだ余裕もありますから、好きなことに取り組む時間を持つことをおすすめします。

たとえば、野球やサッカーなどのスポーツ、ピアノやバレエなどの習い事に打ち込む子は多いですね。また、鉄道に興味がある、お菓子作りが趣味など、子どもによって興味・関心の対象はさまざまです。アイスホッケーに打ち込む子、箱根駅伝が好きで雑誌を揃える子もいたそうです。

今挙げた例は、勉強とは直接関係のないものばかりですが、それでよいのです。逆に取り組む内容を、勉強に関係あるものだけに限定すれば、学力の幅が狭くなってしまいます。スポーツや、芸術・趣味を通じて得た経験や知恵は、本人の学力の土台を形づくる重要な要素になるはずです。

4年生でやるべきこと

〈4年生の勉強法〉
成績に一喜一憂しない

SAPIXをはじめ、多くの塾では成績によってクラスが分かれています。定期的にテストを行い、その結果でクラスが変わるのはよくあることです。また、テストで現在の偏差値や順位などを確認する機会もあるでしょう。

大事なことは、成績に一喜一憂しないことです。先ほどから説明している通り、4年生の間はコンスタントに学習する習慣をつけることが大切ですから、テストの成績によってコロコロと勉強のやり方を変えるのは感心できません。

この時期のテストの成績はちょっとしたことで上下するものです。テスト慣れしていないため、回によってうまく取り組めるときもあれば失敗するときもあるのは普通のことです。出題内容が得意分野だったのか不得意分野だったのかによっても成績は大きく変わるでしょう。

大事なのは、親子ともに1回のテストの成績に振り回されないことです。

結果が出なかったときは、次への課題が見つかったと前向きにとらえましょう。

そのテストに向かうまでの学習の過程、たとえば**①勉強時間は確保できていたかどうか、②理解できていない部分が残っていなかったかどうか**、などを検証することでも、次への課題が見えてくることがあります。

4年生の前半は、ある程度の努力をすれば成果が出やすい時期です。この時期にきちんと努力して、「頑張ったら結果が出せるんだ!」と実感することも大事です。

早めに「結果の出る楽しさ」を実感させてあげることができれば、その後の学習をスムーズに進められることでしょう。

郵 便 は が き

料金受取人払郵便

新宿北局承認

9134

差出有効期間
2025年 3 月
31日まで
切手を貼らずに
お出しください。

169-8790

174

東京都新宿区
北新宿2-21-1
新宿フロントタワー29F

サンマーク出版愛読者係行

ご住所	〒 都道府県	
フリガナ		☎
お名前		(　　　)
電子メールアドレス		

ご記入されたご住所、お名前、メールアドレスなどは企画の参考、企画用アンケートの依頼、および商品情報の案内の目的にのみ使用するもので、他の目的では使用いたしません。
尚、下記をご希望の方には無料で郵送いたしますので、□欄に✓印を記入し投函して下さい。
□サンマーク出版発行図書目録

1 お買い求めいただいた本の名。

2 本書をお読みになった感想。

3 お買い求めになった書店名。

市・区・郡　　　　町・村　　　　書店

4 本書をお買い求めになった動機は?

・書店で見て　　・人にすすめられて
・新聞広告を見て（朝日・読売・毎日・日経・その他＝　　）
・雑誌広告を見て（掲載誌＝　　）
・その他（　　）

ご購読ありがとうございます。今後の出版物の参考とさせていただきますので、上記のアンケートにお答えください。**抽選で毎月10名の方に図書カード（1000円分）をお送りします。**なお、ご記入いただいた個人情報以外のデータは編集資料の他、広告に使用させていただく場合がございます。

5 下記、ご記入お願いします。

ご職業	1 会社員（業種　）	2 自営業（業種　）
	3 公務員（職種　）	4 学生（中・高・高専・大・専門・院）
	5 主婦	6 その他（　）

性別	男 ・ 女	年齢	歳

ホームページ　http://www.sunmark.co.jp　ご協力ありがとうございました。

4年生でやるべきこと

〈4年生の生活習慣〉

動画やゲームをやめられないときはどうしたらいい？

今の時代、ユーチューブなどの動画を見ない、ゲームをまったくやらないという子のほうが少ないと思います。親からすると「勉強しないでゲームばかり……」と不安になることもありますよね。でも、一律に禁止するのは横暴というもの。上手な付き合い方を考えましょう。

第一、受験勉強が始まったからといって、好きなものを取り上げられたら「受験＝辛いもの」となり、集中力が続きません。動画・ゲームに限らず、スポーツや音楽、お絵かきなど趣味のものを我慢する必要はないのです。受験勉強だけに集中した生活は、それこそバランスを欠いているといえます。

よくないのは、ダラダラと何時間も見ている・やっていることです。動画やゲームは、なかなか途中で切り上げられず、いつのまにか長い時間経っていることが多いのが難点です。

「今日は算数のドリルと、国語のプリントを終わらせる！」といった目標を決め、「それをクリアしたらゲームをしてもＯＫ。ただし夕飯の時間まで」というようにルールを決めます。あるいは、１日１時間といった制限時間を設けておくのでもいいでしょう。趣味の時間をスケジュールに組み込んでおくことで、メリハリが出ます。

決めたルールを守れない場合は注意が必要ですが、**あくまで気分転換の材料として使えるのであれば、そこまで目くじらを立てることはありません。**あまり早くから制限すると、そのストレスから反発がくることもありますし、勉強嫌いになることもあるようです。

ＳＡＰＩＸに通う子たちの中にもゲームが好きな子は多いそうで、上手に付き合っている印象です。

4年生でやるべきこと

〈4年生の生活習慣〉
習い事をどうするか

塾に通い始めると、いつまで習い事を続けるのかで悩む人も多いのではないでしょうか。

ここまで触れてきた通り、4年生の間は、習い事と勉強のバランスをとって、いろいろと経験させてあげるのが望ましいです。

習い事を無理にやめさせたからといって、その時間を勉強にあてるのかといえば、必ずしもそんなことはなく、ダラダラしてしまう場合もあります。また、好きなスポーツができないストレスでイライラしやすくなったという話を聞くこともあります。習い事がリフレッシュになることも多いのです。

ただし、学年が上がるにつれて、時間的な余裕がなくなるのは確かです。なかには、最後まで習い事を続けながら受験を頑張った子もいるようですが、受験を目指すのであればどこかの段階で習い事を整理していくのが一般的です。

SAPIXでは、5年生になるくらいから受験に専念する子が少しずつ増えてきて、6年生になるとほとんどの子が受験に専念するようになるそうです。

なかには、6年生の前半まで習い事を続ける子もいるようですが、数はそう多くはありません。

もちろん、親が一方的に習い事をやめさせると不満が出ますから、親子で話し合って決めることです。子どもの意見を尊重してあげてください。

4年生でやるべきこと

〈4年生の受験準備〉

気になる学校は、幅広く見学や説明会に行ってみよう

4年生はまだ志望校を絞り込む段階ではありませんので、幅広く学校を見ておきたいところです。

ホームページの情報やクチコミでもある程度学校の特徴はわかりますが、やはり雰囲気は実際に見ないとわからないものです。

文化祭などのイベントやオープンスクール、学校説明会はとてもよい機会です。年に数回しかない貴重な場ですから、子どもと一緒に早めに参加しておきましょう。4年生では偏差値はあまり気にせず、興味のある学校を見に行けばよいと思います。

その際はできる限り親子で見にいくことをおすすめします。

学校の雰囲気を直に感じることで、子どもがどのように感じるかは、学校選びの重要な判断材料になります。

また、学校訪問をきっかけに、「この学校に通いたい！」と子どもが強く思うようになり、それが受験勉強を乗り切るモチベーション源になったという例は数多くあります。

学校説明会では、その学校の教育方針を詳しく知ることができます。話をしていない先生方の様子や生徒たちの様子を見て、**そこにわが子がいたらどうか、一緒に過ごしているところがイメージしやすいかどうか**といったことを考えてみてください。

入ってみて「こんなはずではなかった」というのが一番残念なことです。

次ページに「書き込み式学校見学メモ」としてまとめますので、気づいたことをメモしておくことをおすすめします。

学校説明会などの情報は、塾が定期的に知らせてくれることも多いですが、学校のホームページを見てチェックするのが一番です。今年すでに終わっていても、大体毎年同じようなタイミングで開催していますので、来年に備えて計画しておくとよいでしょう。興味のある学校はホームページを見てイベントを確認し、スケジュールを考えてみてください。予約が必要な学校もありますので、確認しておきましょう。

図5-2　書き込み式学校見学メモ

<table>
<tr><td>学 校 名</td><td colspan="2">□ 訪問（学校・外部会場など）
□ オンライン</td></tr>
<tr><td>参加日時</td><td colspan="2">月　日（　曜日）　午前・午後　時　分～</td></tr>
<tr><td rowspan="2">自宅からの
アクセス</td><td rowspan="2">交通経路</td><td>学校最寄り駅
線　駅から徒歩　分</td></tr>
<tr><td>家からの所要時間
時間　分</td></tr>
</table>

■ 説明会の内容

【校風・教育理念】

【教育内容】

【部活・行事】

【卒業生の進路・進路指導】

【入試について】

【施設・設備】

教科別 4年生のポイント

算数

- 数値が小数や分数の場合でも、ミスなく計算できるようにしよう
- 各種の公式は「なぜ、そういう公式になるのか」までおさえたい
- 特殊算は他の単元でも用いるので、今のうちに理解しよう

学習習慣のリズムをつける

4年生は中学受験対策としての単元学習が始まります。授業で習ったことを、家庭学習を通じてしっかり定着させる習慣をつけるのが何より大事です。

授業の記憶が新しいうちに一度触れておくと定着しやすいので、おすすめは授業の当日か翌日に復習することです。そして、数日経ってから、数値だけを変えたような類似の練習問題を解きます。

1週間区切りで、こういったリズムを作ることを優先しましょう。

図5-3　4年生で身につけたい勉強のリズム

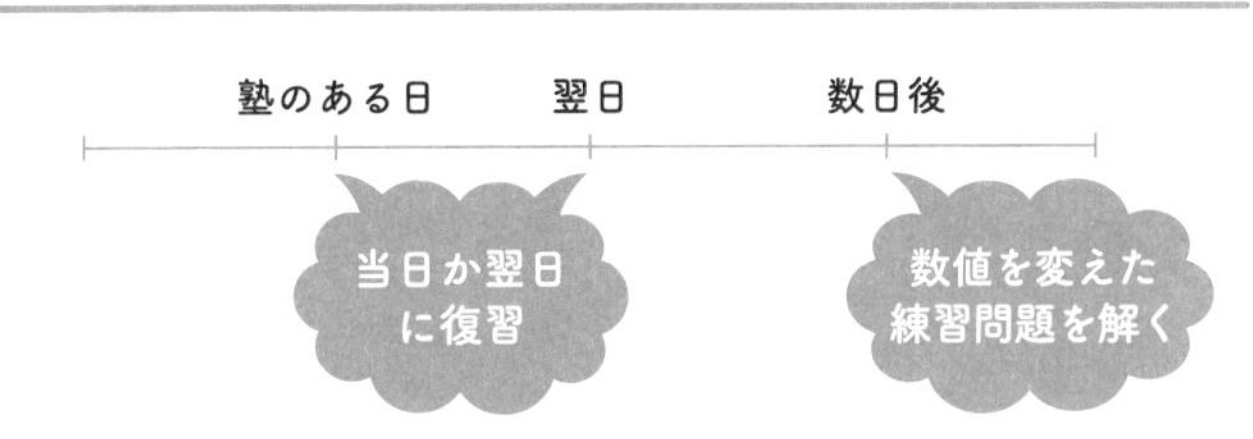

SAPIXでは週に2回授業があり、授業で学習したことを翌週の授業で行なう小テストで確認するサイクルです。

算数が苦手な子は、答えになかなかたどりつけずに、勉強時間が長くなってしまうことがあります。まずはリズムを作ることが大事なので、基本的な問題については、長時間考えるよりも答えを見てしまってOKです。解説を読んで理解したら、次は見ないで解くことにチャレンジします。

余裕のある子は、学習のリズムをつけることに加えて、手ごわい問題にも取り組んでみてください。時間の制約を気にせずに考え続けることも大事です。

4年生の算数で確実に身につけたいこと

4年生は、これからの学習を積み上げていくための土台を作る学年です。

そのため、4年生で学習するすべてが大事、と言っても過言ではないのですが、その中でも特に重要なものが次の三つです。

- **数と計算**
- **図形**
- **特殊算**

数と計算

数と計算については、

①数のしくみを理解する

②四則計算を、小数・分数計算も含めて習熟するまで練習する

③各種計算のしくみについて考えを深める

④計算の工夫のしかたを学び、器用さを上げておく

の4点がポイントになります。

たとえば整数に関してだけでも、「約数と最大公約数」「倍数と最小公倍数」「素数」「素因数分解」「等差数列とその和」など、応用範囲が広い重要な内容が目白押しです。これらについては、計算方法を習得して答えが出せる段階で満足せず、**その計算のしくみや、その計算をすることで何がわかるかについて、考えてみることが大切です。**

5年生以降の学習につながる重要ポイントですので、小数・分数も含め、数に慣れ親しむようにしておきましょう。

また、小数・分数計算についてはスピーディーかつ正確にできるように十分な練習を積んでおくことも重要です。5年生以降、小数・分数計算の絡む単元が一気に増えてきますが、4年生の後半でも円とおうぎ形の単元など、小数・分数計算が必要となるものがいくつか出てきます。特におうぎ形の面積を求める問題は、円周率3.14に加えて分数計算も絡むことがあるので、小数と分数の混合計算に慣れていない子は苦手とするところです。

この単元に限らず、**小数・分数計算が苦手な子は、小数・分数の絡む単元全体が苦手になりやすい**ので、4年生のうちにしっかりと練習しておくことが、学習をスムーズに進めるコツです。

●図形

三角形や台形といった基本的な平面図形の面積の求め方について、公式を理解し、習熟することが必要です。なぜこの公式になるのかを理解しておくことは必須ですが、公式を導く方法は一通りではありませんので、**できる限りさまざまな方法を試してみることをおすすめします。**そうすることで、解答にたどり着くための考えの幅を広げることができるでしょう。

なお面積の求め方だけでなく、三角形や平行四辺形のどの辺を底辺としてとらえるか、複雑な図形の面積を求める際にどのように切り分けて考えるか、または何から何を取りのぞいて考えるか、といった**基本的な図形のとらえ方の感覚を磨いておくことも重要**です。

そのために別解を考えてみることも有効ですし、問題で問われていることとは別に、与えられた条件からわかることを計算してみてもよいでしょう。また、別の方法ではうまく答えが出ない場合、なぜ出せないのかを考えてみることも成長につながります。

なお、立体図形に関しては、4年生ではさほど高度なものはまだ出てきませんが、四角柱や三角柱、円柱など、柱体については理解しておく必要があります。柱体の展開図がどのようになるかだけでなく、体積・表面積の計算方法も理解しておきましょう。

特殊算

4年生の間は、和と差に関する文章題を多く扱います。「和差算」「つるかめ算」「消去算」「過不足算」などがそれに該当します。

二量の和や差に注目して条件を簡略化し、解き進めるという方法は算数において定番といえるものです。これらの文章題を通じて、和や差に注目することに慣れていく必要があります。

他にも重要な文章題はあります。その代表ともいえるのが「植木算」です。和と差に関する文章題とは異なり、植木算は数の問題や規則性の問題で用いられる基本中の基本といえるものです。

文章題からは少し離れますが、樹形図や、順列・組み合わせの計算など、「場合の数」の基本を扱うのも4年生です。その他にも重要単元はたくさんありますので、気を抜かずにコンスタントに学習していきましょう。

本当の算数の力をつけるために

算数の力をつけるためには**「答えが出せたら終わり」ではありません。**

その問題を題材として、解答にたどり着くための考え方の広がりにどう向き合うかが、算数の学力を上げるためには重要なことです。

一通り答えを出すだけであればさほど長い時間がかからない学年ではありますので、こうした部分にぜひ時間を割いてほしいと思います。

教科別 4年生のポイント

算数ができる子が、実はやっていること

最後に、「算数ができる子」が持っている特徴を紹介します。

①視野を広く持ち「別解」も考える

算数が苦手な子は、「この問題にはこの解き方」というように、一対一対応で覚えようとしてしまう傾向にあります。

そうすると本来〝考え方〟で分類すれば同じ種類であったはずの問題が、別々の問題に見えてしまうので、結果として頭に入れなければならないことが増え、余計に苦労することになるのです。

問題を〝考え方〟で分類するためには、いろいろな視点で見ることが大事です。

図5-4　算数が得意な子の計算の仕方

25 × 84
4 × 21に分解

25 × 4 × 21 = 100 × 21で楽に計算できる

その一つの方法が「別解がないか」を考えることです。

先ほど図形のところでも説明した通り、別解を探す以外にも、いろいろな取り組み方があります。こういったことを通じて視野を広げていけた子は、算数が得意になっていきます。

算数が得意な子ほど、総じて解説の通りに解こうとはせず、自分なりの解き方を大事にします。一方でよい解き方があれば積極的に取り入れる柔軟性もあわせ持っているのです。

②計算は工夫して効率的に行なう

「計算力をつけるために、ひたすら練習する」という子は多いと思います。

確かに計算力は大事ですし、たくさん練習することが必要です。

ただ、「理解」や「工夫」がないまま、ひたすら練習していても効果が薄いといわざるをえません。

たとえば25×84を何回も筆算するより、25×4が100になることを活かして、100×21に工夫できれば速くラクに計算できます。84を4×21に分解し、25×4で100を作ってしまうわけです。

こうした計算の工夫を知っていると問題も速く解けます。

③理解するだけでなく「再現する力」をつける

「わかることを最重要に考えて、演習がおろそかになる」人もいます。「わかったから、演習はもういい」ということなのでしょう。

まずは「わかる」ことが重要なのですが、わかったつもりになっただけで、実際にやってみると問題が解けない場合があります。

当然ながら、わかっただけでは得点できません。教わったことを自分で再現する力をつける必要があります。

再現する力は、次のようなことの繰り返しで磨かれます。

ア、解法を理屈とともに理解する
イ、アのうえで、繰り返し演習する

この二つの手順を踏むことで身につけていきましょう。

教科別 4年生のポイント

国語

- 複雑ではない関係の中での物語文を読めるようにする
- 二つのことを比較したり、身近な物事に関する説明の文章を読めるようにする
- 得意な子は少し背伸びした本も読んでみよう

4年生では、具体性が高く、子どもがイメージしやすい文章を題材として扱いながら**「文章に書かれている内容を正確に理解できるようにする」**のが目標です。物語文・説明文といった文章の種類に応じた読み方を学習します。

SAPIXでは、次のような文章を読みます。

- **物語文**……学校の友だちや家族など、そこまで複雑ではない関係性の中でやりとりする物語を多く読みます。
- **説明文**……「イルカ」「さくら」や、「カレーライス」「きもの」など、生き物や身近な衣食住について深く掘り下げて書かれているものを多く扱います。4年生後半には、二つの種類の生き物同士を比べたり、身近なことがらをもとにした文化や社会について述べたりする文章を扱います。

書かれている内容を正確に理解するには

国語の読解は、算数のように公式があるものでもありませんし、どうしたら読解力が上がるのか、疑問に思っている方もいると思います。

「読解」につまずく子がどこでつまずいているのかにも触れながら、ここでは「読解」の基本について紹介します。

「読解」には、**「一文の内容を理解する」「ある程度のまとまりの内容を理解する」「文章全体の主旨を理解する」**の三段階があります。

例として『セロ弾きのゴーシュ』(宮沢賢治)の冒頭を見てみましょう。

「ゴーシュは町の活動写真館でセロを弾く係りでした。けれどもあんまり上手でないという評判でした。上手でないどころではなく実は仲間の楽手の中では一番下手でしたから、いつでも楽長にいじめられるのでした」（『新編銀河鉄道の夜』新潮社）

①一文の内容を理解する＝語彙を増やすことで向上する

まずは「ゴーシュは町の活動写真館でセロを弾く係りでした」という一文が理解できているかどうかです。

一つひとつの文章の意味がとれていない場合、語彙を増やすことで、かなり向上します。読解でつまずく子は、この例でいえば「活動写真館」「セロ」といった見慣れない言葉に引っかかり、わからなくなっているのです。わかる語彙が増えるほど、前後の文章から言葉の意味を推測しやすくなります。

②ある程度のまとまりごとに内容を理解する＝俯瞰して読めるようにする

文章読解が苦手な子は、一文一文の理解にとどまっており、まとまりの理解・文脈の把握でつまずいていることが多いです。「ゴーシュはセロという楽器を弾く係りなんだ」「上手ではないんだ」「楽長にいじめられるんだ」というように、一文ずつは理解できていますが「ゴーシュはセロが上手でなかったから、楽長にいじめられたんだ」とまとまりで理解していません。

ある程度のまとまりを理解するためには、「俯瞰的にとらえる」意識が必要です。**文章読解が得意な子は、無意識のうちにある程度のかたまりごとに文章を行きつ戻りつしています。**それによって文脈をとらえたり、前半に張られていた伏線が回収されていることに気づいたりできるのです。

一方、苦手な子は一文ずつ突き進むように読んでおり、前の部分とのつながりに意識が向きません。そのため、文脈を読み違えたり、前半部分の謎がそのまま残ってしまったりするのです。

③文章全体の主旨を理解する＝この文章が訴えていることを考える

ある程度のまとまりが理解できるようになったら、それをつなぎ合わせて本文全体がどういう構造になっていて、作者・筆者がどのようなことを言おうとしているのかをとらえます。

「セロ弾きのゴーシュ」なら、「ゴーシュはセロを弾くのが上手でないから、楽長にいじめられていた」→「家に帰ってセロの練習をしていると、毎晩動物が現れて、ゴーシュにあれこれと注文をつけながらセロを弾かせた」→「音楽会当日、楽団の演奏は大成功だった。アンコールに指名されたゴーシュが、猫に聞かせてやった曲を激しく弾くと、みんな真剣に聞いていた」という構造を理解し、「動物たちのおかげでゴーシュはいつのまにかセロが上手になっており、ゴーシュ自身はそれにやっと気づいたんだな」と物語の主旨を理解するのです。

これは、**本文を読み終えたあとに「この文章が訴えかけていることは何だろうか？」と考える習慣をつける**ことで身につけていくことができます。

語彙は「大体こんな感じ？」でわかれば問題ない

教材の文章の中でわからない言葉が出てきたときに、いちいち辞書を引いて意味を覚えようとするのは、語彙を増やす観点からは効率が悪く、定着もよくありません。前後の内容から「大体こんな意味かな」と推測してみましょう。熟語の場合は、漢字単体の意味から推測できるかもしれません。納得できたなら、そのまま読み進めればよいのです。たくさん本を読んでいる子は語彙力があることが多いですが、そのようにして自然に言葉を覚えていっています。

気になる場合には、わからない言葉に印をつけておいて、あとでまとめて辞書を引いて確かめます。ただ単に機械的に辞書を引くよりも、**自分で考えていた意味と照らし合わせて、「やはりそういう意味か！　合っていた！」あるいは「ちょっと違った！　なるほど～」と答え合わせを楽しむことができるとよいでしょう。**記憶にも定着しやすくなります。

自分では使わなくても、読んだり聞いたりすればわかる語彙のことを「理解語彙」

と呼びますが、文章読解において重要なのは、この「理解語彙」です。多少あいまいであっても、感覚的に把握できていれば問題ありません。

次の段階が「使用語彙」を増やすことです。これは、話したり書いたりするときに、自分が使える語彙のことで、自分の考えを言葉で表現したり、記述したりするために必要です。

教材等の文章を読んで**新しく理解した言葉を、知ったかぶりしながらでもどんどん使ってみることができる子は語彙が増えていきます。**相手にうまく伝わらなかったり、間違いを指摘されて恥ずかしい思いをしたりしながら言葉は増えていくのです。

家庭でできる語彙力アップのコツ

家庭での会話の中で、**大人があえて難しい言葉を使うようにしてみてください。**子どもに対しては、どうしてもやさしい言葉にかみくだいた表現を使いがちです。

しかし、子どもは案外、大人同士の会話を聞いて言葉を拾い、使いこなそうとするもの。大人同士の会話を聞かせることは子どもの語彙力アップにつながるのです。大人同士の会話がない、あるいは使用する語彙のレベルが高くない家庭では語彙力はなかなか伸びません。

本好きな子であれば、年齢より少し背伸びした本を読ませてあげてください（本嫌いな子にこれをやると逆効果なので注意）。対象年齢がある本は、その年齢相応の言葉で書かれています。言葉を増やすだけでなく、自分の世界を広げる観点からも、少し背伸びした本を読むのは効果的です。

教科別 4年生のポイント

理科

- 身の回りの不思議に目を向けよう
- 疑問を持ったら調べてみよう
- 料理や散歩、自然に触れる経験から、理科への興味を高めよう

身の回りの不思議と理科を結びつける

4年生の間は、机上の学習だけでなく、身の回りにある理科の不思議に目を向けることを大事にしましょう。入試では身の回りの理科を題材にした出題が多く、**生活と理科を結びつけることが重要**です。

実際、理科が得意な子は、普段から自然や現象に興味があり、触れる機会が多いことがほとんどです。

たとえば「昨日は晴れていたのに今日は雨が降っているけど、空の様子はどのように変化したのだろうか？」「通学路にある草花は、日々どんなふうに変化しているのか？」といったように何気ない日常に疑問を持つことが第一歩です。興味を持って見てみると、不思議に思うことはたくさんあるでしょう。このような視点を持って生活し、4年生のうちに学習の土台を作りましょう。図鑑やインターネットを使って調べることももちろん有効ですが、まずは体験することが大事です。

食材を買ってくる、料理をする、散歩をしながら空や草木を感じる、ちょっと遠出して普段とは違った景色や動植物に触れる経験をする。このような経験が大事です。お父さんお母さんと一緒にできれば、さらに記憶に残りやすくなります。

次ページの問題は筑波大附属駒場中の2022年の入試問題です。身近な植物のたねの運ばれ方がテーマになっています。普段から「この植物のたねはどうしてこんな形をしているのだろう？」と不思議に思い、観察したことのある子には非常にとっつきやすい問題でしょう。

図5-5　筑波大附属駒場中学校　2022年理科の問題（一部抜粋）

4　6種類の植物のたねを観察し、図のように特ちょうをまとめた。次の各問いに答えなさい。

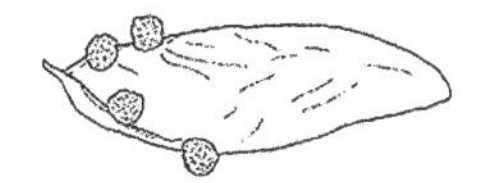

アオギリ（羽のような部分がある）

オオバコ（小さくてねばねばしている）

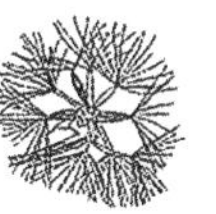

オニタビラコ（綿毛がついている）

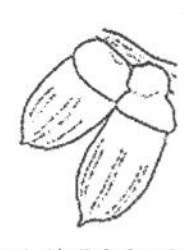

マテバシイ（わると白いかたまりがある）

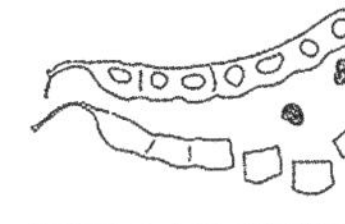

クサネム（コルクのように軽い）

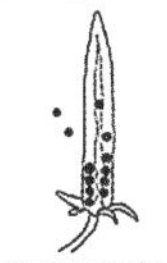

カタバミ（小さなたねがつまっている）

1．たねの運ばれ方には、「風によって飛ばされる」、「動物の体の表面について運ばれる」、「水にういて流される」、「食料として動物に運ばれる」、「はじけて飛び出る」といったものが考えられる。図中の6種類の植物の中で、たねが①「食料として動物に運ばれるもの」と、②「はじけて飛び出るもの」はそれぞれどれですか。

ア　アオギリ　　イ　オオバコ　　ウ　オニタビラコ　　エ　マテバシイ　　オ　クサネム　　カ　カタバミ

2．図はオナモミとカエデのたねである。それぞれどのように運ばれると考えられますか。

①　オナモミ

②　カエデ

ア　風によって飛ばされる　　イ　動物の体の表面について運ばれる　　ウ　水にういて流される

エ　食料として動物に運ばれる　　オ　はじけて飛び出る

3．たねについて、まちがっているものをすべて選びなさい。

ア　発芽ではたねにたくわえられた養分が使われる。

イ　たねは、何年ものあいだ土の中で休みんしていることがある。

ウ　たねが発芽するために必要な条件は、水、空気、適切な温度、光である。

エ　たねは、植物の一生の中で1回しか作られない。

教科別 4年生のポイント

社会（地理）

- **社会の知識は、考える道具として必須**
- **地図を利用した学習で「日本地図の感覚」をつけよう**
- **単なる暗記ではなく、知識の関連づけや「理由」を考えることで問題への対応力をつける**

昔はよく「社会は暗記科目」といわれていました。今の中学入試は思考力重視になっているので、今度は「覚えなくてよい」と誤解する人もいます。

しかし、**考える道具として知識は絶対に必要です。**知らないものは考えることも、疑問を持つこともできません。覚えなくてよいどころか、「知らないと門前払いされる」ようになっているといってもよいでしょう。

しかも、題材は年々広がっています。知識があれば答えられた親世代の受験より、はるかに厳しくなっているといえます。

地図を利用して学習しよう

ＳＡＰＩＸでは、４年生から5年生の前半までは地理分野の学習をします。

そこでここでは、地理について説明したいと思います。

地理分野は「地理・歴史・公民」の三分野の中で最も出題の幅が広く、パターンも多様です。４年生の頃はまだ学習の負担も軽めで余裕があるので、白地図等を利用して自分で日本地図を描けるようにしておくことをおすすめします。

入試では**「頭の中に日本地図の感覚があるか」**を試す問題が多く出ます。

たとえば、一部が消えている地図が示され、「海岸線を描きなさい」という問題（２０１９年　武蔵中学校）が出たこともありますし、次ページにあるのは、緯線・経線を用いた出題です（２０２２年　開成中学校）。地名のある「さくいん」をたよりにしながら、緯線・経線だけが描かれた図に、自分で日本地図を描くことができなければ対応は難しかったでしょう。こういった感覚を身につけるには、練習が必要で

図5-6 開成中学校　2022年社会の問題（一部抜粋）

2 みなさんが幼いころの出来事から、社会について考えてみましょう。次の文章1～3を読んで、あとの問いに答えなさい。

文章1

　みなさんの多くが生まれた2009年の干支（十二支）は丑年、2010年は寅年でした。12年でひと回りしており、2021年と2022年の干支と同じです。干支は年を表すのに使われるだけでなく、月や日、方位を表す際にも使われることがあります。経線を子午線とよぶのも干支に由来しています。下の図1の直線は日本列島の周辺の経線・緯線を示しています。経度・緯度は2度ごとの偶数です。また、図2は図1の範囲について地図帳のさくいんのように示したものです。

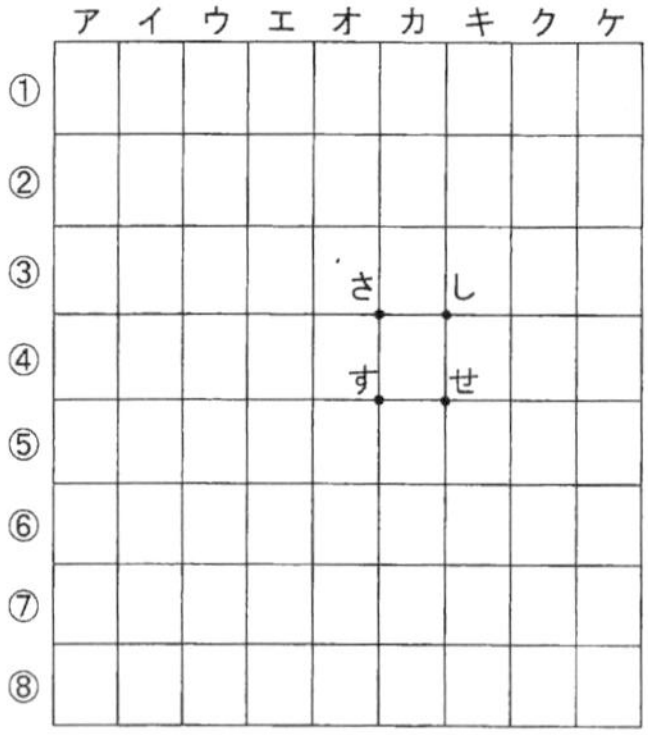

	ア	イ	ウ	エ	オ	カ	キ	ク	ケ
①									
②									
③					さ		し		
④					す		せ		
⑤									
⑥									
⑦									
⑧									

図1

＊＊＊さくいん＊＊＊
□おおさか　大阪・・・・・・・・・・・・・・エ⑥
・おおすみはんとう　大隅半島・・・・イ⑧
・［1］しょとう［1］諸島・・・・・・・・ウ⑤
・しもきたはんとう　下北半島・・・・キ③
・しれとこみさき　知床岬・・・・・・・・・ケ①
□とうきょう　東京・・・・・・・・・［　2　］
□なごや　名古屋・・・・・・・・・・・・・オ⑥
・［3］はんとう［3］半島・・・・・・・オ⑤
□ふくおか　福岡・・・・・・・・・・・・・・イ⑦
□わっかない　稚内・・・・・・・・・・・・キ①

※□は都市。いくつかの地名を出題のために抜き出したものであり、五十音順に並んでいる。

図2

問3　日本標準時子午線はどの経度帯にあるか、図1のア～ケから一つ選び、記号で答えなさい。なお、図中の直線のいずれとも一致していません。

問4　四国の最も多くの面積を占めるのはどの緯度帯であるか、図1の①～⑧から一つ選び、番号で答えなさい。

問5　図2の空らん［1］・［3］に当てはまる地名を答えなさい。解答はひらがなでも漢字でも構いません。

問6　図2の空らん［　2　］に当てはまる記号を、図2のさくいんの他の地名の例にならって答えなさい。

す。こまめに地図帳を開いたり、自分で地図を描くなどの地道な作業をいとわず、楽しんでできるのが理想です。

「地理」の学習のポイント

そのほか、地理分野の学習のポイントは三つあります。

①地形の学習には、複数の知識を関連づけるようにする

地形を学習する際は、地図帳も併用しましょう。そして、産業などとも関連づけながら見ていきます。川が流れれば、途中に平地ができますし、平地ができれば人が住み、産業が生まれます。山地や山脈があれば、それを境に気候が変わります。**日本の地形や気候を一つずつ単純に覚えようとするより、複数のものを関連づけながら理解すると記憶にも残りやすく、問題への対応力も上がります。**

②理由を考えるクセをつける

ほとんどの場合、特徴的な気候や産業には理由があります。なぜ、こういう気候なのか？　なぜこの産業が発展したのか？　考えるクセをつけましょう。

授業や参考書に出てくるものに限らず、たとえば鉄道好きな子どもなら、今は利用者が少ないのに長い歴史を持つ路線があったときに、それがなぜ作られたのかを調べてみるといいでしょう。昔、石炭などの資源や生糸の輸送に使われていたなど、思わぬ発見があります。地理と歴史がつながって、記憶に残りやすくもなります。

統計データも同様に、目立つところや大きく変化しているところに注目して、理由を考えてみます。

理由を考える際には、自分の持つ知識の中で似たものがないかどうかを探し、そこから類推することも重要です。手がかりが見つからなければ、調べてみましょう。

こうして「なぜ」を考えることは、最終的に記述の問題を解く力にもつながります。

③作業を嫌がらない

地理だけに限りませんが、社会の勉強として気をつけてほしいのは、最短距離を走らせようとしないこと、です。

地理や歴史は、**作業を伴う地道な努力を重ねてきた受験生が報われやすい傾向があります。** 寄り道、回り道を楽しむくらいの余裕を持って取り組みましょう。

このほか、低学年時は「子どもの疑問に大人がきちんと向き合ってあげる」ことも必要です。これをしないと、子どもは疑問を持たなくなり、ひいては考えなくなります。大人にとっては常識であることも、今の子どもは驚くほど知りません。そのあたりを含んだうえで、意識的に日常会話に混ぜるのもよいでしょう。

「暗記が苦手」なら、時間を区切ってその時間内に暗記する

「暗記が苦手だから、社会は嫌い」というお子さんも一定程度います。

工夫の一つとして、**「1分で一つ覚える」**など、覚える内容と、覚えるためにかけ

る時間を細かく区切ってはどうでしょうか。何かを暗記しようとしても、その集中力は連続で5分すらもちません。区切って覚えたほうが効率的です。

第6章

5年生の
勉強＆スケジュール

どこまで
受験を意識すれば
いいですか？

国語の読解が
苦手みたい

学校選びを
どうする？

5年生でやるべきこと

〈中学受験で伸びる子が5年生でやっていること〉
コンスタントに知識と経験を積み上げよう

5年生では、学習内容がより高度になり、また科目によっては「積み上げ」の重要性が増してきます。たとえば、SAPIXの5年生の算数では、割合に関する内容を「割合の三用法」→「相当算」→「食塩水の濃度」→「損益計算」の順に扱っていきますが、「割合の三用法」の内容を理解していることが「相当算」を学習するうえでの前提となり、「割合の三用法」と「相当算」の内容を理解していることが「食塩水の濃度」と「損益計算」を学習するための前提となります。

このように5年生からは、**すでに習った単元の上に次の単元が積み重なることが増えてきます**ので、コンスタントに勉強をしていく必要性がさらに増します。塾では「理解するだけでなく、次の単元を学ぶまでに使いこなせるようにしておきましょう」ということをよく伝えているそうです。

5年生でやっておくべきこと

学習

- □ 算数：コンスタントな学習を続ける／抽象的な概念は意味を考えながら練習／「変化を追う問題」では視点を絞り込むのがポイント
- □ 国語：抽象度が高い文章・問題が増えるので、その読み方を習得する
- □ 理科：「知識」「しくみ」「解法」と、それぞれの単元で問われるポイントを押さえながら勉強しよう
- □ 社会：「歴史」は年表をまとめ、「時代のものさし」を頭に作ろう

準備

- □ 第一志望にしたい学校の方向性を考えておく
- □ 引き続き文化祭や説明会などの機会があれば参加しよう

Point 積み重ねが大事な時期！

5年生でやるべきこと

〈5年生の勉強法〉5年生は、どのくらい勉強をしているのか？

5年生になると内容も高度になり、それに伴って勉強時間を増やす必要が出てきます。

では、実際どのように勉強をしているのでしょうか。

朝のルーティンの勉強

4年生のときと同じく、算数の計算練習や国語の漢字・語彙の練習、理科・社会のテキストを読むといった、短時間で集中して取り組むべき内容を継続しましょう。

塾がある日

SAPIXの5年生は週3回（首都圏は17〜20時）授業があります。そこから帰って、ご飯を食べてお風呂に入って、とやっていると、もういい時間になります。

したがって、塾のある日は、帰ってから30分ほど復習をする程度になるのではないでしょうか。

帰ってからの時間は、その日の授業でやったことの復習にあてるのが効果的です。ただし、**睡眠時間はしっかりとるようにします。**塾ですでに頑張っているので、家に帰ってから無理をする必要はありません。

塾がない日

塾で学習したことを、その週のうちに消化し、定着させるために家庭学習はどうしても必要なものです。

概算ではありますが、5年生になると、左のような学習時間で勉強している人が多いようです。

〈ある5年生の家庭学習時間〉
- 塾のある日……30分～1時間
- 塾のない日……2～3時間
- 土日……5～6時間

このように、土日に5～6時間ほど勉強する子も珍しくなくなってくるのが5年生です。

受験勉強に専念する子が少しずつ増えてくるのも、この時期からです。とはいえ、他の習い事をすべてやめてしまう必要はありません。スケジュールはタイトになりますが、受験勉強と一つか二つの習い事を両立させているケースも珍しくありません。

5年生でやるべきこと

〈5年生の受験準備〉

目標の学校の方向性を決めよう

5年生の時期は、まだ志望校を確定させる必要はありませんが、「第一志望はどうしようか」という方向性くらいは、そろそろ決めていきたいところです。

興味のある学校の行事や説明会には足を運びつつ、「この学校に行きたい!」「あの学校を目標に勉強していこう」というイメージを持っておきましょう。

当然ながらこの段階では「Aの学校とBの学校で迷っている」という方は多いですが、それであれば**「A校かB校かどちらかに行く」**と、そのくらいのイメージでかまいません。

また、現在の成績からするとちょっと難しいかなと思う学校でもOKです。まだまだ成績は伸びます。ぜひ行きたいと思う、目標の学校を考えればいいのです。

目標が明確になると勉強の励みにもなりますし、余裕を持って学校の情報を集めることができます。

次ページから、子どもに合った学校の選び方のヒントをまとめます。

5年生でやるべきこと

〈子どもに合った学校をどう選ぶか?〉
優先事項を設定して志望校を絞り込む

子ども自身が「この学校に行きたい」と関心を持てる学校を見つけるには、文化祭に行く、説明会で話を聞くなど、何かしら直接学校に触れる機会が必要です。でも、残念ながらすべての中学校を見学することは難しいですね。ある程度親が候補を絞ったうえで、実際に見学する学校を選ぶのが現実的です。選ぶ要素をまとめてみると、次のようなものが考えられます。

- 私立か国立か公立中高一貫校か
- 進学校か附属校か
- 共学か男女別学か

- 宗教色があるか否か
- 教育内容はどうか（理系教育、グローバル教育、情操教育など）
- 校風はどうか（自由、厳格など）
- 環境はどうか
- 通学しやすいか
- やりたい部活や行事はあるか

これらの要素の中から「これは外せない」というものを一つか二つ決め、まずはそこから選んでいくのをおすすめします。

当たり前ですが、万能な学校はありません。

「通学しやすく、進学実績が高く、運動部が強く、自由な校風で面倒見がよく、緑豊かな共学校」という理想があったとしても、その基準をすべて満たす学校を見つけるのは難しいでしょう。逆に、どう選んでいいかわからないという場合も、最初に優先事項を決めておくと選びやすくなります。

5年生でやるべきこと

偏差値が意味する本当のところ

〈子どもに合った学校をどう選ぶか？〉

多くの場合、「偏差値」は学校選びの一つの基準になっています。

一般的に、「偏差値が高い学校」＝「よい学校」と認識されることが多いのですが、偏差値が高くなる主な要因は次の通りです。

①その学校の人気が高いため、偏差値が高い
②募集定員の数が少なく、競争が熾烈になるので偏差値が高い
③競合校が少ない日程で、力のある受験生が多く集まるため偏差値が高い

このように見ていくと、「偏差値が高い学校」＝「よい学校」というのは、半分正解で半分不正解だとわかるはずです。

偏差値が高くなる要因は一つではなく、②や③のような、学校の中身に対する評価とは直接関係ない要素も絡みます。

ただ、①で挙げた通り、人気の高い学校ほど偏差値が高くなりやすいのは事実です。人気が高いということは、その学校に魅力あるポイントが多いということです。

「人気の高い」学校がわが子に合うとは限らない

しかし、人気の高い学校が必ずしもわが子に合うとは限りません。レストランを例に挙げれば、人気ランキング上位ではないが、自分のお気に入りの店があったりしますよね。逆に、ランキング上位のお店でも「自分には合わないな……」と思うこともあるでしょう。

学校選びの場合、「その学校に通う生徒の学力レベル」もポイントの一つになりますので、レストランとまったく同じとはいえませんが、わが子に合うかどうかをその学校の人気度で測ることはできないところは同じです。

新設校や、設備を新しくした学校、共学化した学校など、話題性が人気の一因になることもありますが、その人気は一時的なものかもしれません。世間の人気動向に惑わされず、子どもに合った学校を選びたいものです。

ある進学校の校長先生に、「入学してから伸びる子の特徴はありますか？」と聞いたところ、答えは非常にシンプルでした。

「うちの学校のことが大好きな生徒です」

前向きに通うわけですから当然といえば当然かもしれません。でも、忘れてはいけない視点だと思います。

学校の中身をよく見て、親子で納得いく学校選びをする。

言葉にするとありきたりですが、6年間通う学校ですから、親子で納得できるよう、慎重に学校選びをしていきましょう。

教科別 5年生のポイント

算数

- 学習単元同士のつながりが強くなる時期。
- コンスタントな学習がより重要に！
- 抽象的な概念の意味を理解しよう

ＳＡＰＩＸでは、５年生までの間に受験に必要な一通りの単元を学習します。５年生になると、４年生のときよりも学習のボリュームが増えます。割合や比といった抽象的な概念に加え、「単位当たりの量」も多く扱うことになりますので、考え方を理解するためのハードルも上がります。

また、４年生のときよりも毎週の学習単元同士のつながりが強くなります。前回学習した内容を理解していることが、次の週の学習を進めるうえでの前提となることが多くなってくるので、コンスタントな学習がより求められるようになります。

5年生で確実に身につけたいことは？

5年生の学習で大事な点を見ていきましょう。

①小数・分数計算

5年生では、小数や分数の計算が絡む単元が一気に増えます。前章でも触れましたが、小数や分数の計算に不安があると、こうした単元の理解が進みにくいので、5年生以降は多くの単元で苦労することになってしまいます。小数・分数計算に不安がある場合は早めに克服しておきましょう。すでに十分な計算力がついている場合でも、基本的な練習は継続していくことが大切です。

②抽象的な概念の理解について

たとえば割合を例に挙げてみましょう。割合とは、簡単にいえば「倍の関係」のことです。「30は10の何倍ですか?」と問われれば、すぐさま3倍と答えられると思います。この「3倍」というのが割合になるわけです。

このように、割合の考え方自体は決して難しいものではありませんが、これが、「2.4は8.4の何倍ですか？」という問題に変わると、考え方は同じはずなのに、間違える子が一気に増えてきます。

先ほど説明した、小数や分数が絡むことで考えにくくなるという端的な例です。

意味を理解して解けば公式の暗記は要らない

また、4年生の間は、「5個」「12人」といった具体数を扱うことが多かったのですが、割合の数値は具体数とは異なり、単体で意味をなすものではありません。

たとえば、「5倍してください」と言われても困りますよね。

「何を5倍するの？」となるはずです。

つまり割合の数値は、「何を」「何倍」するかをセットにしてはじめて意味のあるものになるわけです。この「何を」にあたる量のことを「もとにする量」と言い、何かを何倍かして得られる量のことを「比べる量」（もしくは「比べられる量」）と言います。

「割合の3用法」とは、「もとにする量」「比べる量」「割合」の3つの量の関係を公式としてまとめたもので、

（もとにする量）×（割合）＝（比べる量）
（比べる量）÷（割合）＝（もとにする量）
（比べる量）÷（もとにする量）＝（割合）

となります。

しかし、SAPIXの先生は、この割合の3用法の公式は暗記する必要はないと言います。その真意は何でしょうか？

「意味を考えれば、自然とどのような計算をすればよいかがわかるからです。たとえば『2.4は8.4の何倍ですか？』という問題であれば、8.4の□倍、つまり8.4×□＝2.4

と考えて、□＝2.4÷8.4＝$\frac{2}{7}$と求めればよいのです。

今の例で言えば、公式を暗記したとしても、2.4と8.4のどちらが「もとにする量」で、どちらが「比べる量」なのかがわからなければ、解くことはできません。逆に、それがわかるのであれば、公式を暗記していなくても自然と解けます」

最初に学習する際は、一つひとつ考えて解き進めるため、時間がかかるかもしれませんが、その練習を繰り返していくうちに、問題を見た瞬間に必要な計算式が頭の中に浮かぶようになると言います。たとえば「2.4は8.4の何倍ですか？」という問題を見たらすぐに2.4÷8.4をすればよいとわかるように。

ＳＡＰＩＸの先生は、それを**「経験に基づく感覚」**と呼んでいました。

「『経験に基づく感覚』は『根拠のない直感』とは異なり、意味を考えながらの練習を積み重ねることで得られるものです。割合の3用法については、この『経験に基づく感覚』を得られるまで繰り返し練習するのが大事です」とのことです。

単位当たりの量である速さの単位を用いた計算、いわゆる「速さの3用法」についてもポイントは同じです。

割合や比の計算をするとき、単位当たりの量を用いて計算するときは特に、意味を考えながら練習することが重要です。

③動きや変化を追う問題

5年生では、速さや点の移動、水量グラフといった動きや変化を追いながら解き進めるタイプの問題も多く出てきます。

こういった問題を解く際には、すべての動きを一気に見ようとするのではなく、**「注目する範囲を絞り、わかることを求めていく」**のがコツです。

たとえば、次のような問題があります。

（問題）

A君は分速120メートル、B君は分速80メートルでP地点からQ地点へ、C

君は分速70メートルでQ地点からP地点へ向けて同時に出発します。A君とC君が出会ってから4分後にB君とC君が出会いました。P地点とQ地点の間は何メートル離れていますか。

まずは、A君とC君が出会ってからB君とC君が出会うまでの4分間に注目します。図6－1はA君とC君が出会ったときの3人の位置関係を表したもので、この後B君とC君は4分で出会うことから、B君とC君の間の距離は（80＋70）×4＝600メートルとわかります。

この600メートルは、図6－1におけるA君とB君の間の距離でもあるので、次に、出発してからA君とC君が出会うまでに注目します。

この間にA君とB君の進んだ距離の差が600メートルなので、「600÷（120－80）＝15」より、A君とC君が出会うのは出発してから15分後とわかります。

したがって、P地点とQ地点の間の距離は、「（120＋70）×15＝2850メートル」と求めることができます。

図6-1　A君とC君が出会ったときの3人の位置

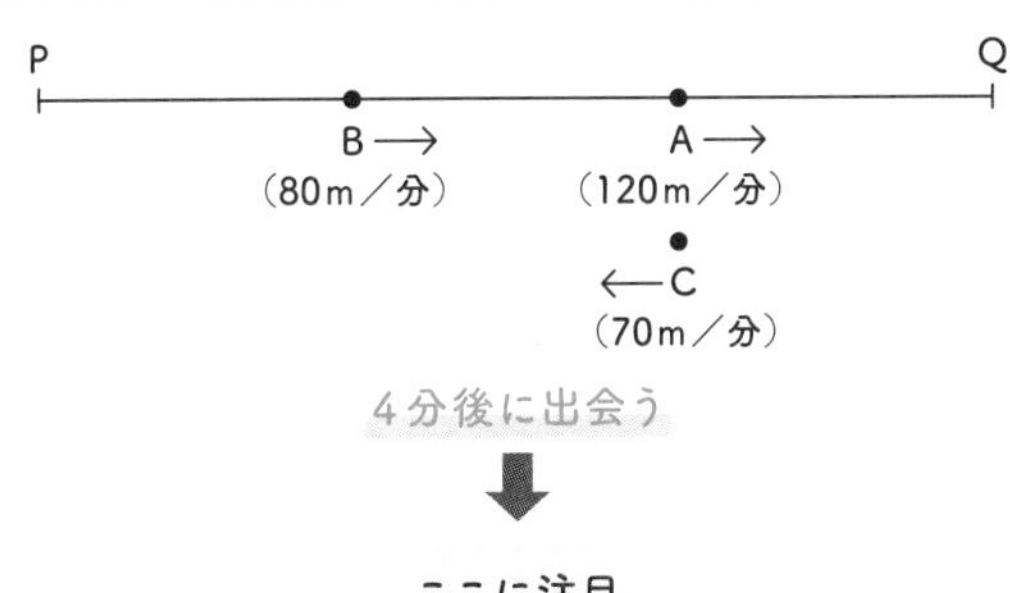

最初は、A君とC君が出会ってからB君とC君が出会うまでの時間における、B君とC君の動きを考える。次に、出発してからA君とC君が出会うまでの時間における、A君とB君の動きを考える、といったように、時間や注目する人を上手に絞り込んでいくのです。

算数が苦手な子ほど、問題文全体を読んで一気に考えようとしてしまいます。

複雑な問題を解き進めるためには、今のように視点を絞り込んで考えていく必要があります。そして、それをスムーズに行なうためにも、各段階の図を書くなどして整理していくことも大事なポイントなのです。

こうした作業を嫌う子も中にはいますが、複雑な問題になればなるほど作業の重要性が増していきますので、早い段階で慣れておくと有利です。

教科別 5年生のポイント

国語

- 物語文については、行間を読みとれるようにする
- 説明文・論説文は、概念的なことがらを扱うことが多くなる
- 長文にも少しずつ慣れておこう

5年生では抽象度が高い文章を扱うようになります。

説明文では、文章全体を通して「筆者が訴えたかったのはどのようなことか」、物語文では「作者が描き出しているのはどのようなことか」ということまでとらえる必要があります。それぞれの読み方を習熟していくとともに、設問に応じた解答の仕方を学習していく学年です。

- **物語文**……学校や家族など身近な世界を扱いながらも、人物の関係性が複雑になったり、登場人物が本当の気持ちとは裏腹な行動をとったりと、表面的な読み取りでは対応できない文章が増えます。

●**説明文**……「社会」「文化」「言葉」など、目に見えない概念的なことがらを扱うことが多くなります。

国語の成績が上がらないとき

国語が苦手でなかなか成績が上がらない場合、どこでつまずいているのかを確認してみましょう。

今、解いている文章読解問題の本文にわからない言葉が多いせいで、内容の把握ができていない場合は語彙を増やす必要があります。前章でお話しした「語彙力アップのコツ」のほか、言葉の問題集等を使って語彙力を強化することが先決です。

語彙のレベルで問題ないのであれば、**「書かれている内容を正確に理解するための読み方を習熟する」**ことと、**「読んだ文章について類型化する」**ことを繰り返すことで、確実に国語の学力は上がります。

図6-2　**読書ノート（1例）**

「走れメロス」（太宰治）

読みやすさ　★★★

興味深さ　★★★★

ワクワク度　★★★★★

・どんな話か

メロスは暴虐な王様を暗殺しようとしたことで捕まり、死刑になりそうになっていた。

そこで妹の結婚式があることを知り、結婚式に出席するため、「3日後に戻る」と王様と約束して、身代わりに友人を差し出す。

結婚式から帰る途中、体力がなくなり、期日までに戻ることをあきらめかけたが、信じて待っている親友のもとに、血を吐きながら走り続け、日没直前に滑り込む。二人が友情を確かめ合っていると、それを見た王様が「私も仲間に入れてくれ」とメロスを無罪にする。

・読後の感想

身代わりになったセリヌンティウスの、メロスに対する信頼がすごいと思った。何度かあきらめそうになりながら約束を守ったメロスの心の強さを見習いたい。

・作者の他の作品で読んだことがあるもの

『人間失格』『斜陽』

・次に読みたいもの

『津軽』

文章の類型化については、たとえば前ページにあるような「読書ノート」を作り、読んだ文章の内容について端的にまとめておくのはいい方法です。「読みやすさ」「興味深さ」のような評価の項目を立て、5段階で評価するのでもいいでしょう。

説明文にしても物語文にしても、文章のパターンのストックを頭の中に増やしていくことで経験値は上がります。すると、似たような文章に出会ったとき「きっと次はこのような展開になるだろう」と予測しながら読み進めることができ、読解のスピードも精度も高まるのです。

家庭でできる読解力アップの勉強法

家庭でできることとして、**「文章をある程度のまとまりで区切って、そこまでの内容を振り返る」**という読み方をしてみましょう。

物語文では、場面ごとにまとまりをつくります。場面が変わるごとに、それまでの場面について「**いつ、誰が、何を、どのようにした、なぜそうした**」を確認します。

とくに「なぜ」を意識することが重要です。因果関係を意識することで、前の場面とのつながりが理解できたり、その場面ではわからないことであっても、その後の場面を読んでいるときに気づきやすくなったりします。場面をうまく分けることができない場合は、ページごとに区切るやり方でもいいでしょう。

論説文の場合は、話題のまとまりごとに整理します。

筆者が「**何について、どのような考えを持っているのか、なぜそう考えるのか**」をまとめます（次ページ図6-3）。

その次の段階は文章全体をまとめることです。

物語文の場合は、**主人公の変化に注目してまとめる**とよいでしょう。「もともと主人公はどのような状況だったのか」「変化のきっかけとなる出来事は何か」「その後どのようなことを学んでどのように変わったのか」を意識してまとめます。

論説文の場合は、前述の「何について、どのような考えを持っているのか、なぜそう考えるのか」でまとめていきましょう。

図6-3 「まとまり」ごとに読んでみよう（206ページからの文章をもとに作成）

● 1段落目

何について論じているか：

グローバル化

どのような考えを持っているのか：

「利益」や「幸福」や「自由」を求める人間の欲望の空間的な展開を可能にするもの。

なぜそう考えるのか：

グローバル経済は、世界中に埋められた金貨を掘り当てた者に多大な利益を与え、人間の自由を世界中に拡張する巨大な舞台のように思われたから。

● 2段落目

何について論じているか：

技術革新

どのような考えを持っているのか：

経済を無限に発展させ、個人の自由や幸福追求の機会を無限に拡張するもの。

なぜそう考えるのか：

技術革新は、社会的様式の総合的な革新であるから。

得意な子は「新聞のコラムや論説文」も読んでみよう

得意な子の場合は、塾や市販の問題集に掲載されている文章だけでなく、**新聞の文化欄のコラムなどを読んで親子で意見、感想を言い合うのも経験値を高めることにつながります。**入試の論説文では、近年話題になっていることがらについて出題されることが多くあります。テレビや新聞で取り上げられている諸問題について、家庭で話ができる環境が望ましいといえます。

また、中学受験を目標にするのであれば、解いたことのない入試問題を片っ端から解いていくのもよいと思います。

国語の難しい問題とは

国語の難しい問題についても見てみましょう。

国語の入試問題は読解が中心であり、「説明文（論説文）」と「物語文」で難しさの種類が違います。

「説明文」の例として、2021年の渋谷教育学園渋谷中学校（第2回）の入試問題から一部抜粋して紹介します。*

二　次の文章を読んで後の問いに答えなさい。

グローバル化とは、端的にいえば、「利益」や「幸福」や「自由」を求める人間の欲望の空間的な展開といってよい。グローバル経済は、あたかも世界中のあちこちに金貨が埋まっており、うまくそれを掘りあてた者には多大の利益を与え、さらに人間の自由を世界中に拡張する巨大な舞台であるかのように思われた。国家というボーダーは「利益」と「自由」と「幸福」に対する制約だと宣伝されたのである。そして、「利益」「自由」「幸福」の追求こそが近代の価値であるとすれば、グローバリズムとはまさしく近代化の必然の帰結であった。「利益」や「自由」や「幸福」へ向けられたあくなき欲望の空間的な延長がグローバリズムであったとすれば、その時間的な延長は成長至上主義であり、進歩主義もしくは革新主義であった。

「革新」は、旧来の価値や制度の破壊をよしとし、伝統的で慣習的なものにはさしたる価値を求めない。過去は否定されるべき対象となり、過去の否定の上にしか未来は創造できないと考える。その基軸になるのが技術革新であった。技術革新とはただ新規な技術の発明というだけのことではない。それは、エネルギー資源のあり方から、消費文化、生活様式、社会構造まで含めた社会的様式の総合的な革新である。かつて鉄道や自動車の技術革新は社会構造そのものを変えたし、テレビや通信もそうである。近いところではITや金融工学もそうであろう。技術の革新によって経済は無限に発展し、それは、個人の自由や幸福追求の機会を無限に拡張するものであった。ここに時間を通じた歴史の「進歩」を見ようとする信念は、マルクスからシュンペーター、さらには現代のアメリカ経済学者にいたるまで、ほぼ共有されていた。

このような、近代的価値の空間的な延長であるグローバリズムと時間的な延長である進歩主義（革新主義）を合わせて、（1）「近代主義」と呼んでおこう。
とすれば、問題は、ただグローバル経済の不安定性や成長戦略の枯渇といったようなことではない。システムの機能不全ではなく、われわれの価値観にあるからだ。

＊入試問題では漢字の問題用にカタカナであった部分を漢字に変更しています

初めて中学受験の問題を詳しく見る人は、驚くのではないでしょうか。この文章は、社会思想家で京都大学名誉教授である佐伯啓思氏による『「脱」戦後のすすめ』（中央公論新社）からのものです。内容も言葉も難しいため、読み取りの難易度が高いことがおわかりいただけるでしょう。

しかもこれは前半の一部です。実際の入試問題では、さらに4倍以上の長い文章が続き、これを読んで問いに答えるのです。

たとえば問いの一つは、「――線（1）『近代主義』とありますが、筆者はそれをどのようなものだと考えていますか」というものです。一見どれも正しく思えるような選択肢が並んでおり、論旨をきちんと理解しなければ正解することは難しい問題になっています。

このように、説明的な文章においては、文章を読み取って理解すること自体が難しく、理解に差が出るものが多いです。しかし、読解自体は基本的なことの積み上げです。

一方、物語文や詩など文学的な文章では、いわゆる**「行間の読み取り」**が必要になります。「行間が広い」、つまり、解釈すべきことがらが多い文章ほど難易度が高くなります。

典型的な例は、筑波大附属駒場中学校で毎年出題される詩の問題です。掲載される詩は短い文章で構成されており、読むこと自体は苦労しません。しかし、直接的には表現されていないことを読み取り、それを記述しなければならないので難しいのです。

2022年の大問4は、谷川俊太郎氏の詩「合唱」を読んで問いに答えるというものでした。

四　次の詩を読んで、あとの問いに答えなさい。

合唱

谷川俊太郎

遠くの国で物のこわれる音がして
幾千万のちりぢりの会話が
終日僕を苦しめる

多忙な時間
非情な空間

机の上の英和辞典に
何かしれぬ憤りを覚えながら
僕は地球の柔らかい丸味を

実感したいとおもっていた
その午後
未来は簡単な数式で予言されそうだった
そしてその午後
合唱という言葉が妙に僕を魅惑した

問一 ――「僕を苦しめる」とありますが、「僕」はどういうことに「苦しめ」られているのですか。

問二 ――「未来は簡単な数式で予言されそうだった」とは、どういうことですか。

問三 ――「合唱という言葉が妙に僕を魅惑した」とありますが、「僕」はどういうところに引きつけられていますか。

時間をかけてディスカッションしたら面白くなりそうな、とてもいい問題です。

この詩には「戦争」や「紛争」といった言葉は出てきていません。

しかし、「遠くの国で物のこわれる音」が、遠くの国で起こっている争いのことを示しており、それについて世界各地でみんなが好き勝手な議論を繰り広げていることを「ちりぢりの会話」と言っているのだろうと推測することができます。「地球の柔らかい丸味を実感したい」と思っており、みんなの声が美しいハーモニーとなる「合唱」に魅惑されている僕は、世界がちりぢりになっている現状に苦しんでいるのです。

「問一『僕を苦しめる』とありますが、『僕』はどういうことに『苦しめ』られているのですか」という問いには、こうした解釈を記述することになります。

国立のトップ校、筑波大附属駒場中学校ではこのようなハイレベルな問題が出るのです。

もちろん、「説明文」も「物語文」もいきなりこのレベルの文章に取り組むわけではありません。**それぞれの「読み方」に習熟していけば、文章の難易度が上がっても読み方は同じ**です。書かれている内容を正確に読み取り、書かれていないことについては、書かれている情報から論理的に推測します。

理科

- 覚えるべき知識は、人に説明したりしながら身につけよう
- 天体や生物の働きなどのしくみを理解しよう
- 電気やてこなど計算が必要な単元の解法を身につけよう

５年生になると、抽象的な概念の理解や物事の一般化が求められる学習が始まります。４年生までの経験が多いほど、スムーズに学習も進みます。知らないことを学ぶのは、なかなかイメージがつかめず時間も労力もかかります。一方、経験上イメージできることなら、苦労なく学ぶことができ効率がいいのです。

入試では「生物」「化学」「物理」「地学」から幅広く出題されます。単元によって求められることが異なります。各単元のポイントを押さえながら進めると、より効率的に学習できるでしょう。

各単元ごとのポイント

知識を求められるもの……植物・動物・水溶液・気体・岩石など

知識は暗記することが必要ですが、単純な丸暗記だと忘れるのも早く、他の知識との結びつきも弱くなってしまいます。覚えたはずなのにいざ問題を解こうとすると、適切に使えないということもあります。**覚えたいことについて自分で調べる、人に説明する**といった方法を取り入れながら定着をはかることをおすすめします。

理科の授業で習ったことを、**先生のマネをするつもりでお父さんお母さんに話す**と、楽しいですし、記憶に残りやすくなります。

しくみの理解が求められるもの……太陽や月、星の動き・植物の働き・地層の成り立ちなど

しくみの理解に苦労する子は多いです。とくに天体の動き。何回聞いてもよく理解できない……という子は少なくありません。

理解が難しいときは、前提となるものをよく確認してみましょう。

たとえば天体の動きについては、方角の理解が前提となっています。天体の動きについて問われたとき、図中の東西南北を手がかりに考える必要があるのに、方角を考えなかったり間違えたりすることが原因で不正解になることがよくあります。こんなときは、方角について徹底的に復習してから天体の動きの学習をやり直します。

天体の動きだけでなく、他の単元でも物事を理解するための「前提」のところでつまずいていることが多いので、どこでつまずいているのか、一つひとつ確認して理解することが大切です。

また、しくみを暗記すれば問題が解けるように思うかもしれませんが、入試問題は単純に暗記したものを当てはめれば解けるというものではなく、理解したうえで応用できないと問題を解くことができません。しくみを学習したら、なぜそうなるのかを理解して他の人に説明できるようにしておくのが理想です。

テキストや教科書で理解するだけでなく、しくみを実際に目で見て確認することはとても有効です。とくに苦手な子にはおすすめしたいところです。たとえば、地球の動きと太陽の動きの関係を学んだあと、実際に太陽の動きを観察するといったことで理解が深まります。

解法の理解が求められるもの……電気・てこ・浮力・溶解度・化学計算など

理科は計算問題も多く出題されます。解法を覚えて計算をするわけですが、なぜこの解き方になるのかを理解しておくことが大切です。

たとえば苦手な子が多い「浮力」は、「物がおしのけた液体の体積×おしのけた液体の密度」で求めることができます。水に物体が浮かんでいるなら、水中にある物体の体積（㎤）×1（g/㎤）です。この公式自体は簡単ですが、とくに単位について理解していないと、条件が複雑になったときわからなくなってしまいます。

やみくもに計算練習をするのではなく、一つひとつ解法を理解するようにしましょう。

教科別 5年生のポイント

社会（歴史）

- 年表を自分で作ることで、頭の中に時代の流れを作ろう
- 因果関係を考えて理解しよう
- キャラづけなどの工夫をして、歴史人物を覚えよう

5年生の半ば頃からは、歴史を学習することが一般的です。地理のポイントは4年生のページでお話ししたので、ここでは歴史についてお伝えします。

歴史は、「いつの出来事か」という時間の要素が入るうえ、現代からは想像しにくいものを多く扱うため、うまくイメージできず苦手になってしまう子もいます。歴史を学ぶ際のポイントを紹介します。

自分で年表を作って整理する

学習のポイントは、地理と同じく「**自分なりに年表等を作って整理すること**」です。

年表を作るのは時間がかかりますが、自分で書いて整理することで記憶に残るのでおすすめの方法です。

とくに平安時代・室町時代・江戸時代など、その時代の中のどのあたりで起こった出来事なのか、どのあたりで活躍した人物なのかといった問題や、それと同じくらいの時期に存在した人物や出来事を問うような問題が解きやすくなります。

SAPIXでは5年生から6年生にかけて歴史を2周します。1周目は時代に人物と出来事を関連づけることを重視します。

頭の中に時代がきちんと刻まれたものさしを作り、そこに代表的な人物を配置して、重要度の高い出来事をつないでいくようなイメージです。このものさしがないまま細かいことを学習しても、つながりや流れがわからなくなってしまいます。

「因果関係」を考えて理解する

それから、**「因果関係を考える」**ことを大事にしてください。いつ、どんな事件があったかというだけではなく、背景に何があったのか、その事件によってどうなったのかを考え、理解するようにします。

たとえば、明治時代には江戸時代までのように米ではなくお金で税金を納めさせる「地租改正」が行なわれます。

この**「背景」**としては、

- 明治政府が改革を行なうため、安定的な財源が必要だった
- 米だと豊作・不作や米価の変動の影響を受けるため、財源が不安定だった

という理由があります。

では、地租改正の**「影響」**としてどんなことがあったのかというと、

- 政府としては安定した財源ができた
- 米をお金にして税金を支払うことになった農家は、不作や米価下落のときも同額の税金が必要になったため、困窮するところが出てきた

さらにその**「結果」**として、一揆(いっき)や小作農が増えることになったのです。

◉歴史人物の「キャラづけ」をしてみる

暗記が嫌いで、歴史が苦手という子は、歴史人物に「**キャラづけ**」をしてみてください。たとえばポケモンを全部覚えている子、昆虫にやたらと詳しい子は、特徴をとらえて個別に識別できているから覚えられます。同じように、歴史人物もエピソードを交えてキャラクター化すると楽しく覚えられます。

無味乾燥な文字列として覚えるのは苦痛でしかありません。楽しく覚えられる工夫をしてみてください。

資料を読み解く問題について

近年の入試問題には、資料を読み解いて記述するものが多く出題されており、難しく感じる子もいます。しかし、**与えられた情報を素直にとらえることができれば、さほど難しいものではありません。**

たとえば、次ページの2021年の女子学院中の社会の入試問題では「平安時代の竪穴住居」と「室町時代の町家」の絵を提示し、家の建て方の変化について答えさせ

図6-4　女子学院中学校　2021年社会の問題（一部抜粋）

I

日本列島は生物多様性に恵まれています。縄文時代以来、人々は①住居をつくり、狩りや漁をしたり、木の実などを採集したりしてきました。その後、水稲農耕が始まり、米が主要な食料に加わります。やがて②大和政権（朝廷）、さらに③律令国家が成立するに至りました。

④平安時代までの食事は、食べる際に自分で塩などをつけて味付けするという単純なものでした。⑤鎌倉時代になると、ゴマ油や濃い調味料で味付けされた料理が作られるようになりました。鎌倉時代の僧、一遍を描いた絵巻には、市に掘立て小屋が並び、米・魚・塩などが売られている様子が描かれています。また⑥14・15世紀の資料には、多様な食品が棚に並び、売られている様子が記されています。⑦昆布やかつお節などは室町時代より「だし」として料理に使われるようになりました。また、醸造業が発達し、酢・みりん・（　X　）などの調味料が普及します。⑧16世紀には、⑨新大陸原産のカボチャやトウガラシ、油で揚げる料理、金平糖やカステラなどの⑩砂糖を用いた菓子が伝わりました。

⑪江戸時代には流通網が整備され、魚市場や青物市場に多様な食材や加工品が集まりました。城下町や宿場町には食べ物屋や料理店が並ぶ一方、⑫江戸時代になっても多くの農民はヒエ・アワなどの雑穀を主食にしていました。⑬食は、時代とともに変化してきました。

問1　下線①に関して、絵1と絵3では、家の建て方はどう変化しましたか。絵2にふれて説明しなさい。（絵は一部加工しています。）

絵1　平安時代の竪穴住居

絵2　室町時代　職人2人で大鋸（おが）を使って作業する姿

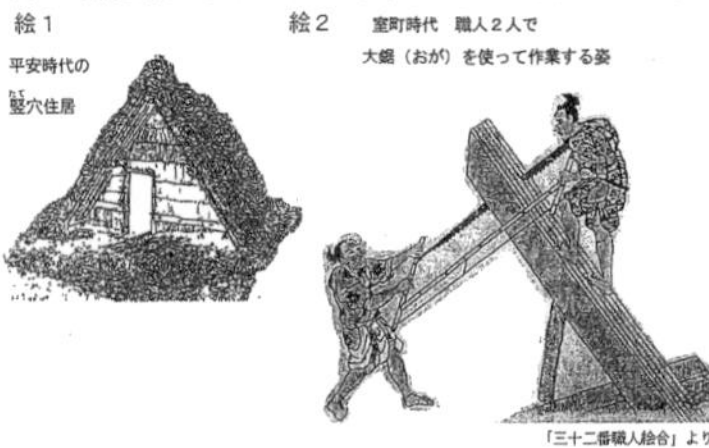

「三十二番職人絵合」より

絵3　室町時代　京都の町家

「洛中洛外図屏風」より

ています。室町時代の職人が二人で大鋸という道具を使って木材を加工している姿も資料として提示されているので、室町時代については「木材を板などに加工し、柱や壁を組んで家を建てるようになった」という内容を記述します。難しくとらえず、資料から読み取れることを書けばいいだけです。

もう一つのパターンは、資料から読み取ったことをもとに考えて記述するものです。

次ページ図6-5の問題は、複数の資料を読み、かつ、自分の持っている知識を合わせて答えるのですが、「下

図6-5 駒場東邦中学校　2022年社会の問題
（問題より出題〔設問〕の一部を省略した形で抜粋）

問4　物流の変化が人々のくらしに影響をあたえた具体的な例を見ていきましょう。

（略）

表1　江戸時代末期の物価の変化（前年に対する物価の上昇割合，単位は％）

項目＼年	1857	1858	1859	1860	1861	1862	1863	1864	1865
生糸	2.8	5.6	21.1	35.7	2.5	0.5	31.6	47.6	21.0
米	14.8	31.0	△1.0	26.0	△1.8	△1.9	11.3	23.1	72.1

※表中の△はマイナスの数値（前年よりも物価が下落したこと）を示す。
※参考として，生糸の他に米の価格の変化も示した。
※この表は，現在の大阪にあった市場での変動を例として示したものである。
（武田晴人『日本経済史』より作成）

表1では1859年に生糸の価格が大きく上昇し，1861〜62年には一時的に上昇率がゆるやかになるものの，その後は引き続き上昇している様子がわかります。江戸時代の終わりに生糸や米の価格が上昇した理由として，凶作の発生や貨幣の改鋳（作り直し）があり，さまざまな物の価格上昇に影響をあたえたことが指摘されています。ただし，1859年以降に生糸の価格が大幅に上昇した理由は他にもあります。下の**図7**も参考にして，当時の日本が直面した出来事と，それによってもたらされた影響を考えながら，生糸価格が上昇する理由を説明しなさい。

図7　主要輸出入品の割合（1865年，単位は％）

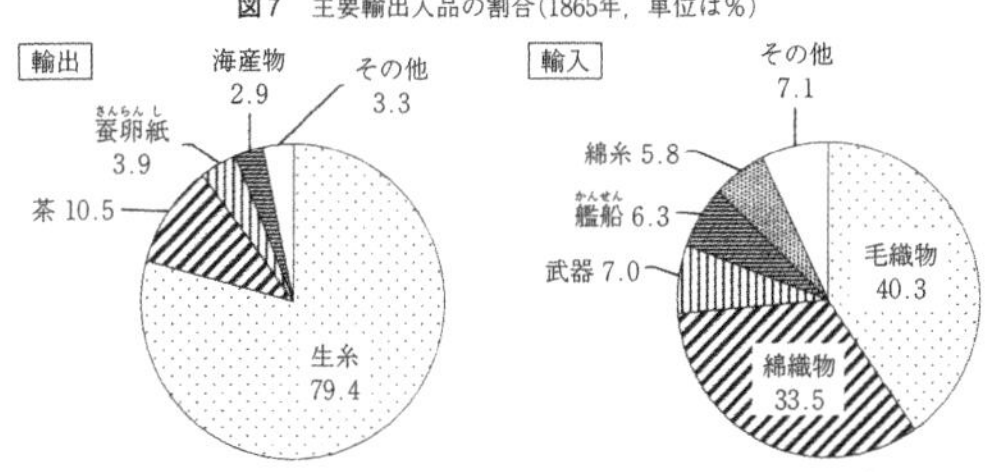

※図中の蚕卵紙は蚕の卵を産み付けさせた紙をさす。また艦船は軍艦などをさす。
（小学館『図説日本文化史大系』より作成）

の図も参考にして、当時の日本が直面した出来事と、それによってもたらされた影響を考えながら」という条件が示されています。**このような誘導として示される条件を無視しないことが大事**です。逆にいうと、条件をきちんと把握すれば、答えるべきことがわかります。条件はヒントにもなっているのです。

資料から記述する問題で得点できない原因の多くは、思い込みで答えてしまうことです。資料と条件を丁寧に読まずに、思い込みに引っ張られていないかどうか見てみてください。「書いてあることを素直にとらえる」「指示をきちんと守る」だけで、得点できるようになることも多くあります。

第7章

6年生の勉強＆スケジュール

急に成績が
下がったのだけど
どうしたらいい？

苦手科目と
得意科目、
どちらを
優先させる？

模試やテストの
上手な使い方は？

6年生でやるべきこと

〈中学受験で伸びる子が6年生でやっていること〉6年生前半に基礎を固め、後半は入試に向けて準備を進める

6年生は「受験学年」といわれます。この1年間をどのように過ごすかで、最終的な結果が大きく変わってくるのは間違いありません。

とはいえ、6年生の前半の間は、引き続きどの教科も各単元の基礎を固めていくことになりますので、その点では5年生の学習と同じです。

ただし、内容はさらに高度になるので、より精度の高い学習が求められることになります。

6年生でやっておくべきこと

学習

- □ 内容がさらに高度になるので、学習の精度を上げていく
- □ 後半の時期には志望校対策も。過去問演習を通じて志望校の出題形式に慣れておこう
- □ 模試を活用し、実戦に慣れる
- □ スランプに陥ったときほど、丁寧な学習を心がける

準備

- □ 前期の間に第一志望の学校を定める
- □ 後期には併願校を絞り込み、受験パターンを検討していく
- □ 出願の準備は余裕をもって行なう

Point 「自分に厳しく」勉強できるように！

〈6年生の勉強法〉学習の精度を上げるために必要なことは？

学習の精度を上げるためのポイントは、主に次の3点です。

①勉強時間をきちんと確保したうえで、課題に優先順位をつけて取り組む
②授業に集中する
③自分に厳しく取り組む

それぞれについて詳しく見ていきましょう。

①勉強時間をきちんと確保したうえで、課題に優先順位をつけて取り組む

6年生になると、扱う内容が高度になる分、問題を解いたりその直しをしたりするのに時間がかかるようになります。そのため、5年生のときよりもさらに学習時間を確保することが必要になります。SAPIXに通う6年生の学習時間についてアンケートを取った結果が次ページです。

これを見ると、塾のない日曜日などは8時間以上も頑張る子がかなりいることがわかります。

6年生になると、家庭で取り組むべき課題も一気に増えます。

参考までに首都圏のSAPIXの場合、6年生前半では、火曜日と木曜日の17時〜21時に平常授業が、土曜日の14時〜19時に志望校別の授業があります。平常授業と土曜授業のそれぞれについて算数・国語・理科・社会の教材があり、すべてこなすのは至難の業です。

無理にすべてこなそうとすると、一つひとつの学習が雑になりがちです。そうなってしまうと、学習時間に比して得られる効果がとても小さくなってしまいます。**塾の先生のアドバイスをもとに、優先順位をつけて教材に取り組む**とよいでしょう。

そして、優先度の高い教材については、内容を消化できるまできちんと時間をかけ

図7-1　6年生の学習時間（夏休み前）

塾のある日

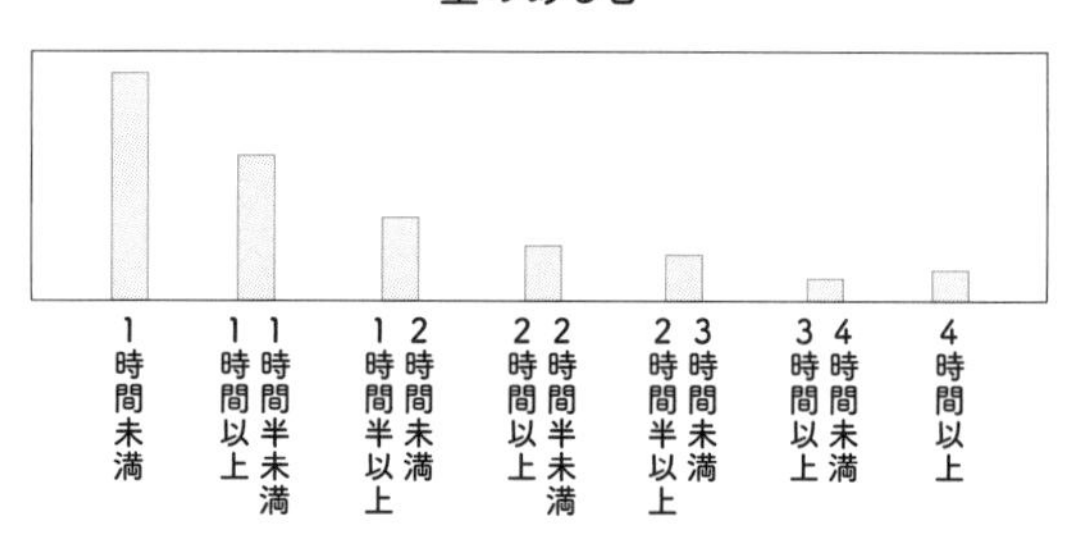

塾のない平日

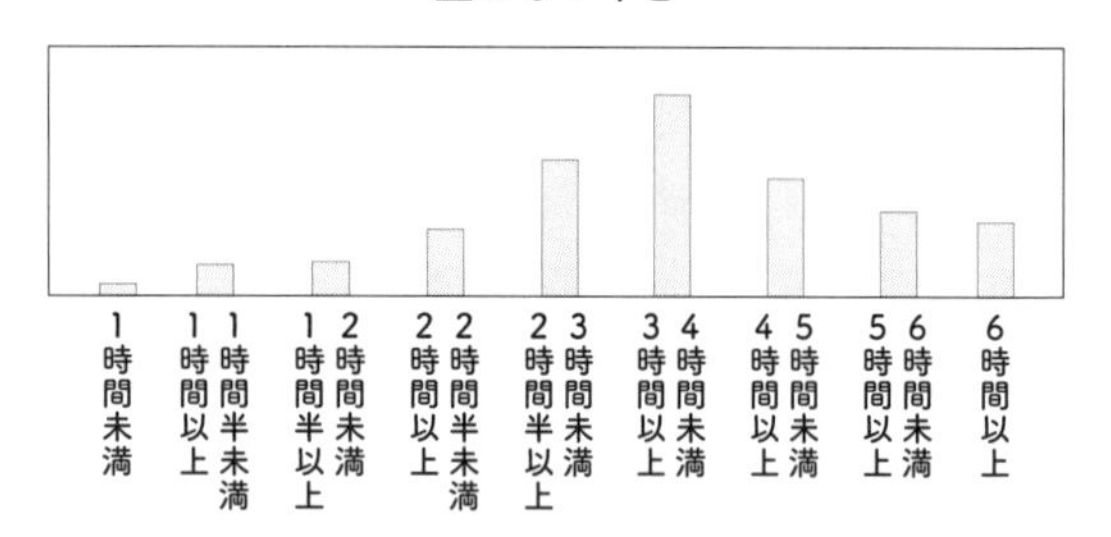

塾のない休日

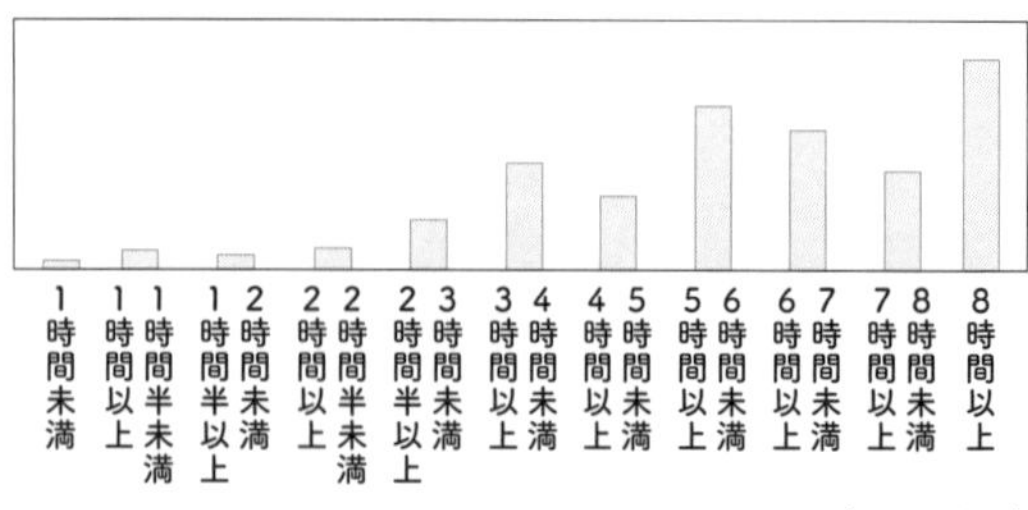

（SAPIX調べ）
※縦軸は人数

て取り組むことが大事です。

②授業に集中する

「授業中に先生の話をしっかり聞いて、それを活用できる子は必ず伸びます」とSAPIXの先生は言います。

ポイントを具体的に挙げると以下の3点です。

（ア）先生の話を集中して聞くことができる
（イ）聞いた話を的確にメモできる
（ウ）テキストの解説に書かれた内容だけではなく、授業中に聞いた話の内容も復習する

（ア）と（イ）の重要性についてはすでに説明した通りですが、これらは（ウ）を実行するために必要なことです。

授業中、先生は単に問題の解説をするだけではなく、押さえておくべき概念の確認や、単元同士のつながりの紹介など、テキストには載っていない重要なことをいろいろと話しています。

それらをただ聞き流すだけにしてしまうのか、それとも、きちんと聞いてメモをとり、家で再度復習して理解を深めるのかで、得られる力は変わります。

授業に集中し、その場で理解を進められている子は、家でさほど長い時間をかけなくても復習を終えることができます。

限られた時間を上手に使うためにも、授業を有効に活用したいものです。

③自分に厳しく取り組む

いかに自分に厳しくできるか。最終的にはこの点が学力に大きく影響してきます。

6年生であったとしても、最初からこれができる子はごくわずかで、まだまだ自覚のない子も多いです。さまざまな経験をしていく中で精神的に成長し、徐々に受験生としての自覚が芽生えていくのが普通です。実際、「6年生の夏あたりからようやく受験生らしくなった」ということも少なくありません。

本来は何も言われなくても自分から勉強するというのが理想ですが、なかなかそうはならないものなので、親や塾の先生から、自覚を促していく必要があります。

とはいえ「○○しなさい」という指示だけでは、なかなか自覚は芽生えません。

本人と話し合いながら、努力することや、自分で工夫することの重要性を伝えるなど、大事なことに気づいてもらえるようにしたいものです。

たとえば、「目新しい問題を解くのは好きだけど、似た問題を繰り返し解くのは面倒……」と同じ問題を繰り返し学習することを嫌がる子は一定数います。

確かに、同じようなことを繰り返す勉強は面白いとはいえないので、忍耐力が必要です。

「でも、必要だからやらなきゃ」

こう思えるかどうかが大事です。

受験勉強を続けていく中では、気乗りしないときや、疲れていて早く休みたいと思うときもあるでしょう。無理しすぎるのはよくありませんが、そうしたときに、「この問題だけは理解してから勉強を終えよう」と思うのか、「なんとなくあやふやだけど、まあいいや」と思ってしまうのか、で結果は変わってくるでしょう。

1回だとわずかな差ですが、積み重なれば大きな差になるものです。

プレッシャーに負けないために

6年生は、プレッシャーも増える時期です。

なかには「結果を出さなきゃ!」というプレッシャーのあまり、塾でカンニングをしてしまうケースがあります。

「他の子よりよい得点を取りたいと思うあまりやってしまう」
「『点数が悪い』と親に怒られるのを避けるためにやってしまう」
ということがあるのです。

こうした場合、大事なポイントは二つあるそうです。
①深刻にとらえすぎないこと
②罰するのではなく自覚を促すこと
子どもがカンニングしていたとわかると、いてもたってもいられないかもしれません。ですが、「魔が差す」ということは誰にでもあります。確かにカンニングはよいことではありませんが、それを見つけて叱ったり罰したりすることが大事なのではありません。

安易な方法に頼っても自分のためにならないことを自覚してもらうことが、一番大事です。

SAPIXの先生は、カンニングを発見した際、「カンニングをすると、結局は自分の力が下がってしまって損をする」と説明したうえで、「注意された回数分損するのではなく、カンニングした回数分損をしてしまう。だから、『カンニングは自分のためにならない』ことを理解して、自分に厳しく取り組もう！」と伝えているそうです。

ここまで説明してきた通り、**間違えることは恥ずかしいことでも何でもありません。しかし、できていないことを誤魔化すのはよくありませんし、学習にとってもマイナスです。**

このことを普段から伝えていくことが大事でしょう。

6年生でやるべきこと

〈6年生の勉強法〉志望校の過去問演習は学力の固まる9月以降に

6年生の9月以降には、志望校の過去問にも取り組んでいきます。塾によってはもっと早いうちから志望校対策を銘打った講座を開講しているところもあるので、「6年生の9月からで間に合うの?」と思う人もいるかもしれません。

実は逆なのです。

過去問は、学力がある程度固まってから取り組むのがよいのです。あまり早いうちから始めても効果は薄くなります。

SAPIXでは、本格的な志望校対策講座は8月下旬以降から始まりますが、これも同じ理由によります。

過去問を解くことで得られる効果としては、主に次の二つがあります。

①その学校の出題形式に慣れる

②その学校の頻出分野を知り、練習をする

まずはその学校の問題形式に慣れることが大事です。試験時間を意識しながら、試験における取り組み方を練習していくことになります。

また、過去問を解くことにより、その学校の頻出分野を知ることもできます。

SAPIXでも、9月以降は、授業の復習と過去問演習が、家庭学習の2本の柱となります。この柱は入試を迎えるまで変わりません。

過去問の演習は第一志望の学校だけではなく、併願校についても必要です。

何年分取り組むのがよいのか、またどの学校から順に進めていけばよいのかは、志望する学校や取り組む科目によって変わりますので、塾の先生のアドバイスを参考にスケジュールを立てていくとよいでしょう。

6年生でやるべきこと

〈6年生の勉強法〉模擬試験をいかに使うか

6年生の後半になると、各塾が主催するオープンテストなどの模擬試験を受ける機会が増えてきます。

週に2回テストがあったり、毎週のようにテストが続いたりすることも珍しくありません。合格可能性を判定するテストも多いため、その結果に一喜一憂しがちですが、この時期こそ、テストを上手に活用して日頃の学習に活かすことが必要です。

テストの活用法は大きく分けて二つあります。

①試験の実戦練習としての活用

②資料としての活用

順に説明していきます。

活用法① 試験の実戦練習としての活用

一つめは「試験の実戦練習としての活用」です。

そこで重要になるのが**時間配分と、解くべき問題の選択**です。

学校にもよりますが、前から順に解いていくのが必ずしもよいとは限りません。

大事なのは、**「解けるところから解いていくこと」**です。

合格点を取るためには、基本から標準レベルの問題で確実に得点を積み重ねることが必要です。満点を取る必要はありません。

難しい問題を解き切ることができればそれに越したことはありませんが、難問を解けたとしても、基本的な問題でのミスが多いと得点は伸びません。得点すべき問題に優先して取り組む、という意味で「解けるところから解く」ことは非常に重要です。

またこれは、入試当日の試験中に気持ちを落ち着かせるための重要なポイントでもあります。

試験時間が半分くらい過ぎたところで、「この問題はできた！」と手ごたえのある問題が半分くらいあれば、かなり安心できます。残りの時間も有効に活用できる可能性が高いでしょう。一方、半分くらいの時間が過ぎても手ごたえのある問題が少ないと焦ってしまい、その後の時間は問題が手につきにくくなってしまいます。

試験中のメンタルを安定させる意味でも、「解けるところから解く」というのは大事なのです。

なお、時間配分と問題の選択を的確に行なえれば、試験時間の最後のほうには、取り組みにくい問題が残ることになります。結果として、得点できなくても問題のない、いわゆる「捨て問」を自然と炙(あぶ)り出すことができているはずです。

模試は間違ったところだけでなく、取り組み方も見直そう

もちろん、模擬試験後は直しをすることで、解けなかった問題を確認していくこと

も必要です。

その際、試験の取り組み方を振り返ることも大切です。

結果が悪かった場合は悪かった原因を分析し、結果が良かった場合は良かった要因を分析しましょう。


結果が悪かったときの分析は、ほとんどの家庭でやっているはずですが、結果が良かったときの分析は、あまりされていないと感じています。

結果が良かった際にもその要因を探ることは、自分の「勝ちパターン」を見つけることにつながります。

たとえば、

「問題文の読み間違いの多い少ないが直接点数に反映されることが多い」

↓落ち着いて問題文を読むように心がける

といったことです。

人によって傾向は違いますので、自分自身の傾向をつかむことが、次の試験の課題

を設定するのに役立ちます。テストが多い時期だからこそ、

「課題を設定↓実行↓振り返り↓再度課題を設定↓……」

というサイクルを回しやすいので、有効に活用していきましょう。

活用法② 資料としての活用

テストの成績票には、科目ごとの点数・偏差値だけではなく、設問ごとの正答率や志望校の合格可能性、おすすめの学校群など、さまざまなデータが載っています。

科目ごとの点数・偏差値や設問ごとの正答率は、先ほど説明したテストの解き直しや分析を行なう際の参考資料になるはずです。

また、志望校の合格可能性の判定結果やおすすめの学校群は、受験パターンを検討するのに役立つでしょう。

「偏差値50％」は、合格ライン？　不合格ライン？

学習塾などでは、自社の模試の結果をもとに各校の合格偏差値を出しています。ただし、一言で合格偏差値といっても、その内容はさまざまです。

たとえばＳＡＰＩＸが出している各学校の偏差値一覧は、「80％偏差値」をもとに作成されていますが、模試の結果データでは、「80％偏差値」だけではなく、「50％偏差値」と「20％偏差値」も公開されています。

それぞれの意味は、次の通りです。

- 「80％偏差値」…合格可能性を80％と判定する基準偏差値
- 「50％偏差値」…合格可能性を50％と判定する基準偏差値

●「20％偏差値」……合格可能性を20％と判定する基準偏差値

このうち、「50％偏差値」が合格のためのボーダーラインです。ＳＡＰＩＸの偏差値一覧は「80％偏差値」が基準ですので、一覧表に掲載された偏差値がキープできていれば安心ですが、「80％偏差値」に達していなくてもそれだけで悲観する必要はありません。**「50％偏差値」に近い結果であれば、ボーダー付近にいるということですから、十分にチャンスがあるのです。**

ＳＡＰＩＸの模擬試験で判定する合格可能性は、最高が80％、最低が20％ですが、合格可能性が「70％」や「60％」と判定されると、「今回は悪かった」ととらえてしまう方がいるようです。

実際は「50％」のラインがボーダーなのですから、「70％」「60％」の判定はボーダーよりも上ということになり、決して悪い結果ではありません。

偏差値は合格の可能性を測る指標になるものです。数値の意味をきちんと理解したうえで、判断できるようにしましょう。

模擬試験の結果の見直し方

合格可能性50%のラインが入試におけるボーダーラインですので、その点数に足りなかった場合は、どの教科であと何点取ればその点数に達したかをシミュレーションするとよいでしょう。

この場合、試験科目が4科の学校であれば4科の総合で考えるのがポイントです。**「総合点で合格ラインに達すればよい」という考えでいいのです。**入試において、すべての教科で満足いく点数を取れることはまずありません。

模擬試験においても、ある教科が良かったときは別の教科が悪くなる、ということが日常茶飯事です。

ただ、模擬試験を何回も受けていると、ある程度の傾向は見えてくるはずです。

たとえば、算数・理科は苦手であまり得点を取れないことが多いけれど、国語・社会は得意で得点を稼げることが多い、といったことです。

この場合、苦手な算数・理科にばかり目がいきがちですが、国語や社会で得点が稼げるのであれば、算数・理科はそこまで高得点を取る必要はないわけです。

そのあたりを踏まえたうえで目標を定めると、

「苦手な算数や理科は、受験者平均点くらいの点数を取ればＯＫなので、テストの前半部分にある基本から標準レベルの問題を徹底して確認しながら解き進める」

というように、具体的な目標に落とし込むことができます。

6年生でやるべきこと

〈6年生の勉強法〉「スランプ」をいかに乗り切るか

6年生の後半になると、子ども自身も受験が近いことを実感するようになってきます。

適度な緊張感を持つのはよいことですが、過度のプレッシャーを感じてしまい、そこからいわゆる「スランプ」の状態になってしまうことがあります。

テストでうまく点数が取れない、課題に取り組もうとしても難しくてわからない問題が多い、など具体的なきっかけはさまざまですが、「スランプ」の始まりは自信を失うところから、というケースが多いです。

まず、「スランプ」をできる限り避けるために大事なことは、**子どもに必要以上のプレッシャーをかけないこと**です。

特に、テストの結果を見て、「この成績だと受験は無理だね」「次のテストが悪かったら志望校を変えなきゃ」といった声がけは厳禁です。

できる限り前向きな、次への課題が見つかるような声がけをしましょう。

ただ、そういった配慮をしていたとしても、プレッシャーを感じやすい時期ですので、「スランプ」になることはあります。

そうしたときの解決法は、**「量を減らして、その分丁寧に取り組むこと」**です。

調子が落ちていると感じると、過去の内容をおさらいするために学習量を増やそうとする人も多いのですが、これは逆効果になりがちです。

というのも、調子を落としているときは、自信を失って学習が雑になっていたり、落ち着いて取り組めていなかったり、ということが多いのです。

そうしたときに量を増やしてしまうと、こなしきれなくてさらに自信を失ったり、何とか消化しようとして学習が雑になったりするものです。

むしろ、調子を落としたときは、優先度の高い教材に絞って、「この教材だけは丁寧に取り組む」と決めて取り組むのがコツです。自分の力で問題が解ける経験を積ませてあげることが、失った自信を復活させる最大の薬になります。

合わせて、調子を取り戻すまでの間は、問題が解けたタイミングなどに、前向きになれる声がけをしてあげるとよいでしょう。塾の先生にお願いして、励ましの声がけをしてもらうのもいいですね。

本来、こうした不安は努力を続けて自分の学力を上げていくことでしか解決はしないのですが、調子を落とした子に理想論を説くだけでは何の助けにもなりません。いざお子さんが「スランプ」になった際は、一つひとつ成功体験を積み重ね、自信を取り戻すためのサポートをしてあげてほしいと思います。

いたずらに心配しないことも親の仕事

入試の日が近づくにつれて、子どもだけでなく親もナーバスになることがあります。入試本番を2日後に控えた1月30日、ＳＡＰＩＸの先生のところに、ある保護者の方から電話があったそうです。

「今、復習をさせているんですけど……。なんだか、今までやってきた勉強法は全部間違いだったんじゃないかって不安になってしまって……」

泣きながら話すお母さんに、先生は「絶対にそんなことはないから大丈夫ですよ。信じてください」と。

一通り話をして、お母さんも落ち着くことができました。その子はＳＡＰＩＸでもずっと成績上位クラスをキープしている優秀な子です。勉強法が間違っていたはずがありません。それでも、突如不安でたまらなくなることがあるのです。

この方の場合は、塾の先生に相談してすぐに安心することができました。

その後、見事第一志望校に合格し、「あのときはお騒がせしました」と頭を下げていたそうです。

自分は大丈夫と思っていても、いざとなると心配で仕方がないという親もいます。あとで振り返れば「焦らなくていいところで焦っていた」ということがほとんどです。

不安と上手に付き合う

入試日が迫ってきた段階でミスをすると、「いつまでたっても完璧にならない」と心配になるかもしれません。

そこで、ある学校の先生のメッセージを紹介します。

その先生は、最初に「勉強に完成なし」と示されました。

知らないことやわからないことを、勉強を重ねて解決すると、次のステージの知らないことやわからないことが出てくる。勉強とはそういうものです。だから、どれだけ努力を積み重ねている人でも、必ずその段階での知らないことやわからないことが出てくるのです。

入試が近づいた段階で、「○○がわからない」「△△が苦手だ」と思うと、不安になるかもしれません。

せっかくここまで頑張ってきて、不安に押しつぶされるのは非常にもったいないことです。勉強とはそういうものだと思い、不安と上手に付き合っていきましょう。

この話は、すべての受験生とその親御さんに知っておいていただきたいと思います。

〈6年生の受験準備〉前期に第一志望校を決め、後期に併願校を決める

6年生になったら、いよいよ具体的に受験校を決めていきます。

志望校と受験パターンを決めていく流れとしては、

6年生の前半に第一志望校を決め、勉強の方向性も確認

↓

6年生の後半に併願校も含めた受験パターンを決めていく

という流れが一般的です。

SAPIXの6年生は、前期に1回、後期に1回個別面談がありますが、前期は第一志望校の相談とそれに向けた学習の方向性の話が中心となります。

もちろん、前期の段階で絶対に第一志望校を決めなければならないわけではなく、候補となる学校が二つあるケースも珍しくありません。

その場合は、2校の出題傾向を踏まえたうえで、似ている場合には共通した学習を進めることになりますし、大きく異なる場合には2校のうちどちらに照準を合わせて学習するかを相談したうえで進めていくことになります。

また併願校については、前期の段階では、塾からおすすめ校を教えてもらいながら、候補となる学校を確認していくに留まることが多いです。

実際に受験パターンを組んでいくのは後期になりますので、それまでの間に、名前の挙がった学校についてさらに検討していくとよいでしょう。

1月と2月で分けて、受験パターンの組み方を考える

ここで、入試の日程に関して触れておきましょう。

主に首都圏の一般入試（帰国生入試や第一志望入試は除く）について見ていきます。

首都圏の場合は地域によって解禁日が異なっています。

最初に埼玉県の学校の入試が1月前半から始まり、続いて千葉県の学校の入試が1月後半から始まります。東京都と神奈川県の学校の入試は2月1日からです。

それ以外に、地方校の首都圏会場入試も1月前半を中心に実施されます。

ちなみに、灘中学校をはじめとした関西圏の学校の入試は、年度によって異なりますが、1月中旬から下旬に実施されます。

これを踏まえ、受験パターンの組み方について、1月中と2月以降に分けて見ていきましょう。

1月中の受験について

1月中の入試は、主に次の①・②のような方向性で、受験する人が多いようです。

①1月中に志望順位の高い学校や併願校として考えている学校の入試があるので、積極的に受験をしていく

②2月以降の入試を本番ととらえ、1月中はそのための練習と位置づける

1月中には千葉県や埼玉県の学校の入試が行なわれますので、その近隣に住んでいる場合は①になることがほとんどです。都内や神奈川県に住んでいる場合、②を選択することがよくあります。

①の場合は、通学を考えている学校は積極的に受験パターンに組み込んでいくことになります。一方、②のように純粋に練習と考える場合は、1～2校の受験で十分でしょう。

2月入試が本命だが、実際に通うことを考えている併願校が1月に入試を行なうという、①と②の中間のようなケースもあります。この場合、その併願校の受験に加え、その前にもう1校練習として受験するということもあります。

2月中の受験について

こちらも、前ページの①・②のいずれかによって、考え方が変わってきます。

①の場合は、1月中に志望順位の高い学校を受験しているはずです。その結果次第では、2月の学校に関しては「受験しない」もしくは「特定の学校のみ受験する」という選択肢が出てきます。場合によっては「チャレンジ校」だけを受ける、という人もいるでしょう。

1月中の入試結果によって受験の仕方が変わるため、いろいろなケースを想定しておく必要があります。前ページで触れた、1月に入試を行なう学校に、併願校として考えている学校が1校だけあるケースも同様です。

②の場合は、基本的には2月1日以降入試を行なう学校の中で進学先を決めることになります。受験パターンを組むうえでのポイントは以下の2点です。

- チャレンジ校、実力適正校、合格安全校をバランスよく配置して、メリハリのある受験パターンにする
- 午後入試も上手に活用し、合格を得られる可能性が高い学校を、できる限り早い日程で組み込む

チャレンジ校ばかり並べたり合格安全校ばかり並べたりせず、チャレンジするところはして、安全策をとるところはとる、というようにメリハリをつけてバランスよく組むのがコツです。

また、受験生にとって、「合格」というのは、言葉に表せないほどの安心感につながります。なかなか合格が出ないと、本人も精神的に追い詰められて、実力が発揮できないことがあります。

実際、前半の日程で結果が出ず「不合格」をもらい続けていたところに、1つの学校で「合格」を得て、親子で涙したという例は珍しくありません。その学校が、直前まで受験パターンに組み込むかどうか迷っていた学校であったとしてもです。そのくらい、「合格」を得るということは、自分の頑張りが認められたと感じて安心できる

大事なことなのです。

ですので、ＳＡＰＩＸでは**できるだけ早い日程で少なくとも1校は合格を得られるように受験パターンを組む**ことを、強くすすめています。

偏差値は届かないが、子どもがチャレンジしたい学校がある場合

一方で、第一志望校を変更するかどうかは慎重に判断すべきです。

ＳＡＰＩＸの先生は「子どもにとってはチャレンジさせてもらえなかったことが、後々まで尾を引くことがある」と言います。

チャレンジして、その結果が不合格ならショックでしょうが、大学受験も含めその後の人生で取り返すことはいくらでも可能です。

ところが、**チャレンジさせてもらえなかったことは、その後に取り返す機会がありません。**ですから、子ども自身が納得していればいいのですが、そうでなければむやみに第一志望校を変えないほうがいいのです。

お父さんお母さんは心配なので安全策をとりたくなるものですが、その結果、子どものモチベーションが下がることもあります。悩む場合は塾とも相談し、子ども自身が納得できる方法を探してほしいと思います。

6年生でやるべきこと

〈6年生の受験準備〉面接では熱意が伝わるように！事前に学校に足を運んでおこう

入試で面接を行なう学校があります。生徒だけの個人面接、グループ面接、親子同伴面接など学校によって形式はさまざまです。

面接対策はどのようにすればよいのでしょうか。

首都圏のＳＡＰＩＸでは、毎年11月に、6年生を対象とした「面接模試」という名の模擬面接を実施しています。また、各学校の面接の様子をまとめた資料も配布しています。

基本的に面接では、

「受け答えがきちんとできること」と

「その学校に通いたいという熱意を示すこと」がよいとされています。

もちろん、服装や座り方、お辞儀やノックの仕方など、細かい点で気をつけることはいくつもありますが、たとえば緊張のあまりノックを忘れたからといって、すぐさま不合格になることはないでしょう。

そういった意味ではあまり恐れすぎる必要はないのですが、「学校のことを何も知らず、興味がないのが透けて見える」ような受け答えをしていては、印象がよいはずがありません。

その学校の沿革や指導の特徴など、ある程度のことは頭に入れておくべきですし、学校によっては学校行事に来たかどうかを質問されることもあるので、事前の準備は欠かせません。

特に学校行事に関しては、「参加した」と答えた場合、印象に残った内容を聞かれることが多いので、事前に準備しておきましょう。くれぐれも適当に返事をすることがないように注意したいですね。

親子の話や、願書との矛盾がないように気をつける

また、親子面接の際は、親子で意見をすり合わせておくことも大事です。お父さんとお母さんで意見が食い違ったり、親子で正反対のことを話してしまったりすると、やはり印象はよくないでしょう。

親子面接に限りませんが、**願書に記載した志望理由を控えておき、面接で答える内容と矛盾がないようにする**ことも大事なポイントの一つです。

最後に体育実技についても簡単に触れておきます。

基本的に体育実技に関しては、指示をきちんと聞いてその通りにできることと、一生懸命取り組むことができれば大丈夫です。

ただし、学校によっては、並ぶときの様子や服の畳み方なども見られている可能性があるので気を配るに越したことはありません。

6年生でやるべきこと

〈6年生の受験準備〉出願手続きは早めに準備を。合格手続きの手順も忘れずに！

出願手続きと合格手続きは、保護者の方の大事な役割です。

秋口以降、各学校の募集要項が出揃いますので、そのタイミングでチェックしておきましょう。募集要項は、各学校のホームページから確認できます。

出願手続きについては、近年はネット出願が主流になっていますが、学校によりその方法はさまざまです。出願の際に合わせて提出する必要がある書類や写真の規格など、受験する可能性がある学校の情報を事前に確認し、きちんと整理しておきましょう。

特に、出願の際に「調査書」が必要な場合は、通っている小学校の先生にお願いする必要があります。出願間際になると迷惑になりますので、早めにお願いするようにしましょう。

また、出願の順番によって、試験会場や面接の順番が決まる学校もあります。入試当日の動きに影響しますので、早めの出願が必要な場合は出遅れないようにしましょう。

なお、学校行事や募集要項の変更などが発生した場合もホームページ上で告知されますので、受験予定の学校については定期的に確認しておくとよいでしょう。

入試当日に大雪などによって交通機関が遅延した場合の対応なども基本的にはホームページに記載されるため、入試当日に困ったときは、学校に直接問い合わせるか、ホームページを確認してください。

合格手続きを確認し、事前の動きをシミュレーションする

また、合格手続きについても早めに確認しておく必要があります。

確認しておくべき主なポイントは次の三つです。

- **合格発表の日時**
- **手続き金の金額と納入期限**
- **合格手続きの締切日時**

複数の学校を受験すると、合格発表の日時が重複したり、短時間に立て続けに合格発表があったりします。また学校によっては、合格発表から手続き金の納入期限までが時間的に非常にタイトなケースもありますので、「第一希望が合格なら何時までに振り込んで、不合格なら第二希望の学校に何日の何時までに届け出をして……」と事前にどう動くかをシミュレーションしておかなくてはなりません。もちろんお金の準備も必要です。

手続きをする場合は、締切日までに確実に手続きをしてください。**締切に遅れてしまうと合格辞退の扱いとなってしまい、その後で学校に相談しても基本的には受けつけてもらえません。**

そういった事態にならないよう、慎重かつ確実に手続きを進めましょう。

教科別 6年生のポイント

算数

- 前期は、新規単元を学習しているつもりで取り組む
- テストの受け方を少しずつ練習していく
- 志望校対策は後期から。頻出分野は確実に押さえておこう！

6年生の1年間の流れ

前章で、SAPIXでは5年生までの間に受験に必要な一通りの単元を学習することを説明しましたが、各単元の基本的な内容を一通り学習したに過ぎず、まだまだ習得しなければならない内容は残っています。

6年生の前半では、そういった内容を扱っていきます。単元名としては過去に出てきたときと同じなので、一見すると復習の内容に思えますが、SAPIXの先生は、「お子様にとって、前期の学習は新規単元を学習している感覚に近いはずです」と言います。それだけ、新しいパターンの問題を多く扱うということです。

ですので、「復習の内容なのになぜできないのか」と責めないようにしてください。**新規単元を学習しているつもりで見守っていくとよいでしょう。**

1年間の過ごし方としては、**夏期講習が終わるくらいまでの間に基礎学力を固め、後期に志望校対策を始めていく**という流れがスムーズです。

特に後期以降、**入試が近づいてくる時期には、理科や社会の知識分野など比較的短期間でものになる内容に、徐々に時間の比重を移していくのがよい**とされています。

後期以降は過去問演習や志望校対策などが必要なことを考えても、9月以降に苦手単元の復習をさらに組み込むのは大変です。

算数については、一通りの基礎的な内容は8月終わりまでにすべて身につけるくらいのつもりで、取り組んでいきましょう。

6年生の後半では、先ほどもお話しした志望校対策や過去問演習など、家庭で取り組むべき内容が増えますが、具体的な目標を洗い出すと、

- 各単元の内容を確認していくとともに、志望校で頻出の内容についても理解を深めておく
- 過去問演習を通じて出題形式や出題傾向を把握し、それを踏まえて本番を想定した実戦的な演習を積んでおく

ということになります。

テスト形式の演習で入試に慣れていこう

6年生の1年間をかけて、「**演習慣れ**」していくことも大事な目標です。

6年生になると、塾の授業の中でも問題演習の比率が高くなっていきます。また5年生までと比べて模擬試験の回数も増えてきます。

6年生の最初の時期には、一つひとつの問題にじっくり取り組むことはできるのに、まとまった問題数を与えられるとうまくこなせないケースが珍しくありません。

授業中の演習に取り組んだり模擬試験を受けたりすることを通じて、「**どうすれば**

テストの時間内に高得点を取れるか」を考えていくことが大事になってきます。

ポイントは、先に説明した通り、時間配分と問題の選択を的確に行なうことですが、頭でわかっていることと実行できることは別です。

最初のうちは、時間配分に失敗してしまうことも多いと思いますが、そうした失敗の経験も成長の糧になります。

6年生の親が家庭で気をつけること

「テストで悪い点数を取ると家で怒られる」という子は多いです。

努力が足りず、学習済みの内容の定着度を測る復習テストの点数が悪いこともあると思います。その場合は、一言注意をする必要がある場面もあるかもしれません。

ですが、実力テストで悪い点数を取ったことに対して叱るのはよくありません。これをしてしまうと、かえって委縮してしまい、考えることができなくなってしまう可能性があるからです。

ＳＡＰＩＸの先生も、「叱ったからといって、頭の働きがよくなることはありません。むしろ頭を働かせることについては、**よい部分を見つけて評価してあげたほうが、自己肯定感が上がってよい方向に向かうことが多い**です」と話していました。

教科別 6年生のポイント

国語

- 自分とはまったく違う立場の人の心情も考える必要が出てくる
- 記述問題も得点できるように練習する
- 制限時間内で解けるよう志望校対策をしよう

6年生では実際の入試問題レベルの文章を扱います。得点力を養うため、制限時間内にどのように取り組むべきかといったことも並行して学んでいきます。

- **物語文**……時代、場所、年齢など自分とは立場が異なる人物が主人公として描かれたものが多くなります。自分の経験では対応できないので、想像しなければなりません。
- **説明文**……一般の新書レベルのものを読みます（206ページ参照）。扱うテーマは、現代社会で話題になっていることがらが多くなります。

図7-2 本文から心情を推測する

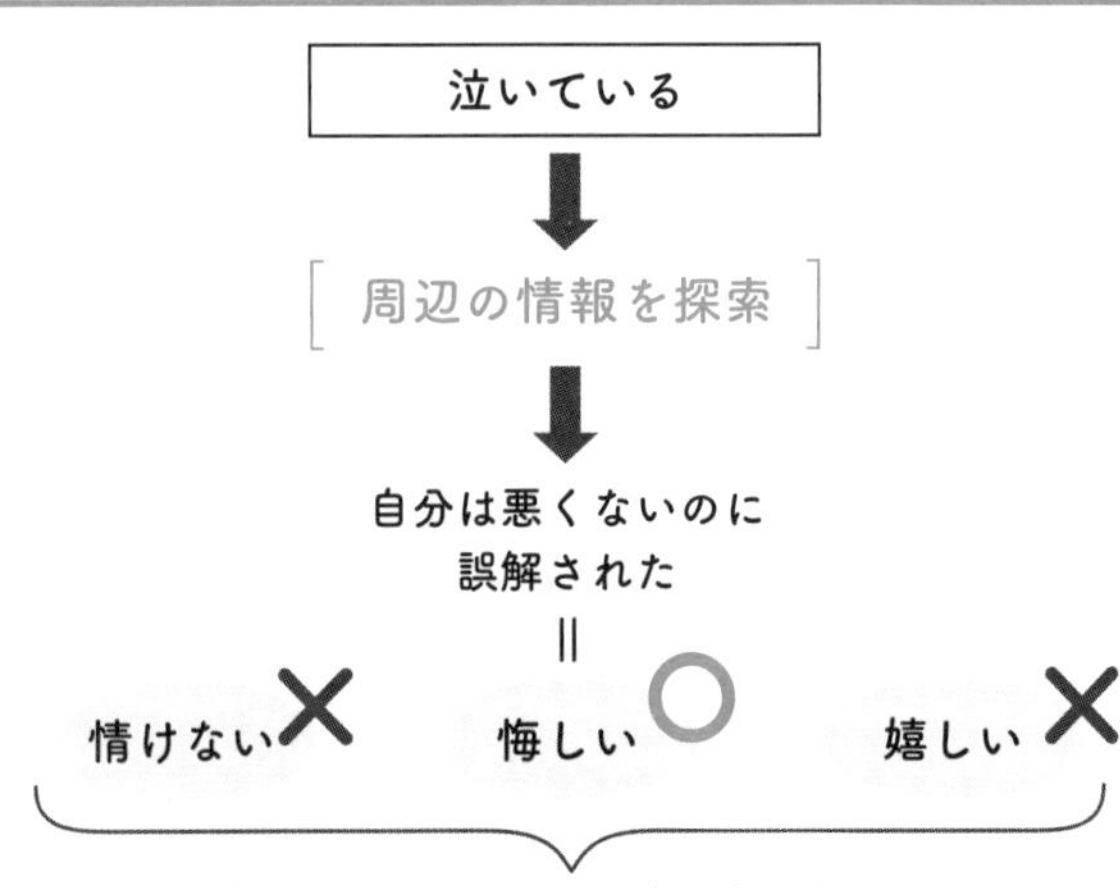

登場人物の心情を問う問題をどう考えるか

物語文では、登場人物の心情を問う問題がよく出題されます。本文に明確に書かれていないのに「正解なんてあるのだろうか」と疑問を持つ子もいるかもしれません。

しかし、**問題文の中に必ず判断材料があります**。書かれている情報をもとに、論理的に推測できるのです。

たとえば、Aくんが「泣いている」という情報だけでは、悲しくて泣いているのか、それとも「嬉し泣き」や

「悔し泣き」なのかわかりません。複数の可能性があり、心情を判断することはできません。

そこで、周辺の情報を探索します。「お母さんに怒られた」という内容が見つかれば、それを拾って「お母さんに怒られた→どんな気持ちで?→泣いた」というように組み立てていくと、「嬉しい」は外れることが判断できます。さらに、「自分は悪くないのに誤解されて……」という情報があれば、「悔しい」と決定できます。

このように、周辺から情報を集めることによって、直接書かれていない心情を推測していきます。

文字数指定の記述問題が苦手な場合

「本文の言葉を使って○文字で書きなさい」「~の理由を○文字で述べなさい」といった、文字数を指定して書かせる問題を苦手とする子は少なくありません。

そもそも記述問題は「受験者の理解度を正確に測るため」に設定されています。本文の内容をなんとなくわかった状態で解ける記号選択問題もありますが、記述問題で

図7-3　文字数指定がある記述の考え方

【問題】
40字以内で答えなさい。

答えになりそうなキーワード

［誤解された　いつも嘘をつく山口君
やさしかった先生に怒られた　悲しい　自分は見ていただけ］

【自分の解答】
自分は見ていただけなのに、いつも嘘をつく山口君に代わって、やさしい先生から自分が怒られたのが悔しかった。

⟶52字

【解答】
自分は見ていただけなのに、信頼していた先生が自分を怒ったのが悔しかった。

先生との関係が大事だった

はそうはいきません。「なんとなくわかった」レベルと「しっかり理解している」レベルでは明確に差がつきます。

作問者が字数制限を設けるのは、書くべき要素を限定するためです。答えになりそうなところをダラダラと書き写すのではなく、本当に必要な部分だけを拾い上げて書かないと字数内に収まりません。むしろ「指定された文字数」がヒントにもなります。

この形式の問題では、**答えになりそうな部分を探して拾い集めた**

あと、不要な部分を削って答えを作っていく作業が必要になります。文字数指定の記述問題が苦手な子は、要不要の判断が下手なのです。不要な部分を書いてしまったがために文字数をオーバーしそうになり、重要な部分が漏れてしまうといったことが起こります。

模範解答と見比べて、どこが書くべきポイントで、どこが不要だったのかを確認しましょう。不要な部分を削る意識を持ちながら、繰り返し練習することで上達します。

教科別 6年生のポイント

理科

- 生物・化学・地学・物理の典型問題は「できる問題」を増やそう
- 身の回りの理科に関する知識は、資料集を見て幅を広げる
- 間違えた読解問題は、読み直しをしよう

6年生では、志望する学校の入試問題を解くための仕上げを行なっていきます。SAPIXでは5年生までに入試問題を解くために必要な単元は一通り網羅します。6年生前半は5年生までの復習と演習、後半は演習中心に学習を行ないます。**ただし、学習の土台が不十分なうちに演習ばかりやるのはあまりおすすめできません。**

「生物」「化学」「地学」「物理」と幅広い範囲の学習が必要になる理科は、すべての単元が得意である子は稀です。4・5年生で学習した内容を再度確認し、理解があやふやなところを埋めていきましょう。しっかりとした土台を作ることが大事です。

理科の入試問題を大きく分けると、次の三つになります。演習で得点できなかった部分はどれに当たるか確認してみてください。

①生物・化学・地学・物理の典型問題＝苦手分野の「できる問題」を増やそう

得点できなかったものは、その単元の理解が不足しているということなので、必ず復習をしておきましょう。てこ・滑車、電流、気体・水溶液などはよく出題される単元ですが、苦手とする子は多いです。苦手な単元については、「できる問題」を増やすことを意識します。難問には対応できなくても、基本〜標準問題を確実に解けるようにしておくことが重要です。

②身の回りの理科について幅広い知識や考え方を問う問題＝図鑑・資料集を見る

隙間時間を見つけて理科の図鑑や資料集を見ることをおすすめします。知識の幅を広げておけば、対応しやすくなります。

③与えられた文章やデータ、グラフを読解・分析・判断して答える問題＝問題文の中に「手がかり」を探す

たとえば、次ページにある２０２２年桜蔭中大問２のような問題です。浮力の問題ですが、ガリレオ温度計の説明と図、グラフを読み取って答えます。こうした読み取り問題は慣れが必要です。似たような読み取り問題を解いたり、一度やったことのある問題を読み直すことで慣れていきましょう（**解き直しより、読み直しが効果的です**）。

理科の入試問題は、リード文やグラフ・表を利用するほか、大問全体に流れがあり、前の問題で考えたことを利用して解く形式が多いという特徴があります。

知識がなければ解けないかというとそんなことはなく、**実はすべて問題文の中に判断材料がちりばめられている**ことがよくあるのです。

ですから、何でも覚えようとするのではなく、その場で答えを導き出す「手がかりを探す」ことが重要です。普段から、何かわからないことがあったときは「手がかりを探す」ように心がけるといいでしょう。

図7-4 桜蔭中学校　2022年理科の問題（一部抜粋 大問2の一部）

【A】　液体は，温度が変化すると同じ重さのまま体積が変化します。このことを利用して簡単な温度計を作ることができます。図1の装置はガリレオ温度計と呼ばれ，ある液体中にいくつかのおもりを入れたものです。液体の体積が温度によって変化することから，中に入れたおもりの浮き沈みを観察することで温度を調べることができます。

ここで図2のように，アルコールの一種であるエタノールを容器に注ぎ，そこにいろいろな重さのおもりを入れ，ガリレオ温度計を作ることを考えます。おもりは，温度によって体積の変化しない 10 cm³ の容器に適量の砂を入れて密閉した図3のようなものをいくつか用意します。また，図4は，エタノール 100 g の体積と温度の関係を表したグラフです。

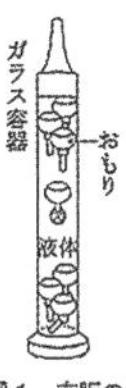

図1　市販の
ガリレオ温度計

問1　図2のガリレオ温度計内のエタノールの温度が 43°C よりも高いか低いかを調べるためには，何 g のおもりを用いればよいですか。小数第2位を四捨五入して小数第1位まで答えなさい。また，エタノールの温度が 43°C よりも高いとき，このおもりは浮きますか，それとも沈みますか。「浮く」または「沈む」を丸で囲みなさい。

問2　問1で用意したおもりの他に，それよりも 0.1 g ずつ重くしたものを4つ用意し，全部で5つのおもりをエタノールに入れました。エタノールがある温度となったとき，5つのおもりのうちの3つが浮き，2つが沈みました。このときのエタノールの温度は何°C だと考えられますか。つぎのア～オから最も近いものを1つ選び，記号で答えなさい。

ア．1°C　　イ．13°C　　ウ．26°C　　エ．36°C　　オ．48°C

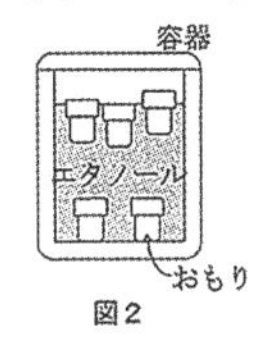

図2

図3　おもり

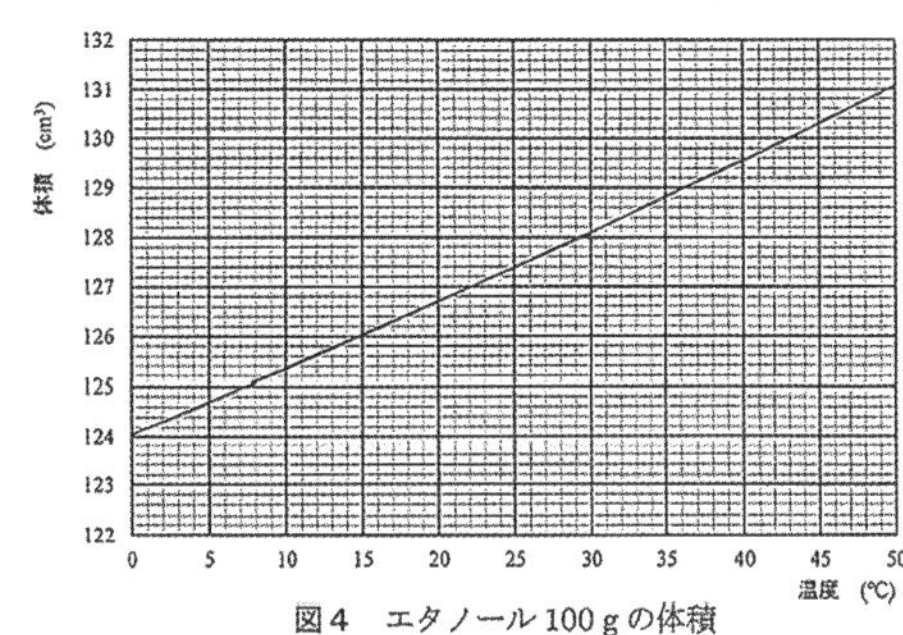

図4　エタノール 100 g の体積

理科の科目が苦手な人へ

理科が苦手な人は、ぎりぎり自分が解ける問題、わかる知識の問題を繰り返しやりましょう。背伸びして難しい問題や苦手な問題に取り組もうとしても、問題を解けるようにはならないし、さらに苦手意識が高くなる、ということも起こります。

苦手を得意にするのではなく、**苦手だけど解ける問題・わかる問題を一つずつ確実に増やしていくことが効果的**です。入試問題でも、難問は多く出題されますが、合否を分けるのは基本から標準的な内容が確実に正答できたかどうかです。まずは、確実に解ける問題を増やしていきましょう。

教科別 6年生のポイント

社会（公民）

- 制度などの難しい用語は、かみ砕いて理解する
- 新聞記事やニュースについて話したり、生活と政治・経済を結びつけて会話してみよう

ＳＡＰＩＸでは夏休み前までに公民分野も一通り学習を終え、その後は演習を行なっていきます。ここでは公民のポイントについてお伝えします。

公民は、大人にとってはさほど難しくないのですが、子どもにはハードルが高い分野です。理由は主に次の三つです。

①日常生活では使わない、難しい用語が多い

難しい用語をかみ砕いて理解することが必要です。塾や学校では、先生がそのように工夫して話をすると思いますが、自分なりに「こんな感じかな？」と考えてみてください。たとえば「主権を誰が持つか」＝「一番えらいのは誰か」というように。多少雑でも、それでわかりやすくなるならかまいません。

②学んだことが自身の生活につながっている実感を得にくい

家庭での会話が重要です。新聞記事やニュースを題材に家族で話してみたり、日常生活のことを政治や社会の動きに結びつけて話すと、身近に感じられるようになります。

③さまざまな意見を踏まえて、自分の考えを記述する出題もある

②に対するアドバイスと同じく、家庭で話し合ってみるのがおすすめです。その際には特定のバイアスで話すよりも「こういう考え方もあるよね」「反対意見はこうだよね」とさまざまな意見を認めながら話したいところです。近年の入試では偏りなく、すべての意見が出題されると思ってください。

このケースの出題例として、たとえば、２０１９年の早稲田実業学校中等部は「世界幸福度調査」のデータを示しながら、幸福度ランキング上位のフィンランド、ノルウェー、デンマークなどの北欧の国々の福祉について述べたあと、こんな出題をしています（大問3の問3）。

本文中にあるように、それぞれの国が福祉について取る方向は以下の二つになると思われます。

A　教育費や医療費などを無料化（または安く）し、国民の生活が平等になるように国家が福祉を充実させる社会。ただし、その分みんなが高い税金を納めなければならない。

B　収入から差し引かれる税金は安いので、自分の手元には多くの資金がのこせる社会。ただし、国家は国民の生活の面倒はあまり見てくれず、自分の今の生活や老後は、自分が蓄えた資金でまかなわなければならない。

あなたが望むのは、AとBのどちらの方向でしょうか。そのどちらかの記号を選んだうえで、そのマイナス面をふまえながら、なぜそのように考えるかの理由を150字前後で説明しなさい。

試験問題に掲載された資料を見ながら、どちらの方向性にもプラスの面、マイナスの面があることを考えたうえで、論理的に記述することが求められています。税負担や国の福祉が実感としてわかっている大人なら難しくはありませんが、実感が湧きにくい小学生がその場で意見を組み立てるのは難しいのです。

入試に出題される題材は年々多様化しており、受験生を大人として扱う傾向が強まっています。**「子どもだからといって、知らなくてよいことなど存在しない」**と言っても過言ではありません。情報は制限せずに、ニュース等には自然に触れられるようにすることが大事です。ぜひ積極的に日常会話に時事を混ぜ、知らないことは一緒に調べたりしてみてください。

終章

1月に入ってからと当日のこと

受験前後の注意点

入試当日に向けて準備しよう

試験直前の時期には、入試要項を再確認しておきましょう。

また、受験当日に向け、当日の経路や万が一の連絡先などをまとめておきます。天候で電車が止まってしまうこともあります。交通経路は念のため代替案も考えておきましょう。

余裕があれば、子どもと一緒に、駅から受験会場までの行先も確認します。受験会場が、その学校以外の場所ということもあるので注意してください。

受験予定の学校について、次のようなことをまとめてノートを作っておくとよいでしょう。

当日までの確認チェックリスト

□ 経路（万一交通機関が止まったときのために、別の経路も考えておく）
□ 開始時間
□ 何時に家を出るのか
□ 持ち物
□ 試験の時間割
□ 万一のときの連絡先
□ 合格発表日
□ 手続きの締切日
□ 入学金の振り込みの締切日

入試当日は「いつも通り」を心がける

ＳＡＰＩＸの先生は、生徒たちに「入試当日はいつも通りのことをしよう！」と声をかけているそうです。

「一つは、ここまで頑張ってきた生徒に対する信頼です。ここまで取り組んできたことを入試でそのまま出すだけで大丈夫だよ、と言ってあげることで、自信をもって入試に臨んでほしいと考えています。

もう一つは、**『いつも以上に上手にやろう』とすればするほど固くなってしまい、力を発揮できない可能性が上がる**からです。

最後まで同じようなペースで学習し、入試当日も普段通りに近い取り組みをする。これが一番理想だと考えています」

同様に、家庭においても、入試が近いからといって、急に食事のグレードを上げるなど、特別なことはあまりしないほうがよいそうです。

特別なことをすると、「入試が近い」と本人に変に意識させることになりかねないからです。

直前期に気をつけるべきことがあるとすれば体調管理ですが、これについても、親が気負いすぎる必要はありません。

入試当日に普段通りやることも、体調管理に気をつけることもそうですが、「マスト」にしようとすると、逆効果になります。

「入試当日は、必ず普段通りにしなければならない」

「入試直前期は、絶対に風邪をひかないようにしなければならない」

こんなふうに考えてしまうと、かえって自分を追い詰めてしまいますよね。

「マスト」ではなく、「努力目標」にするのがちょうどよい加減でしょう。

「入試当日は、普段通りを目指そう!」

「できるだけよい体調で臨めるように気をつけよう！」

このくらいでよいのです。

体調管理については、やや乱暴な言い方になりますが、保護者会では、

「仮に風邪をひいたとしても、頭が悪くなるわけではありません」

と話しているそうです。

体調を崩して失敗したケースの多くは、体調を崩してしまったこと自体に慌ててしまい、パニックになった結果、普段の力を発揮できなかったということが理由です。

体調不良がパフォーマンスに与える影響が皆無だとは言いませんが、それを気にしすぎることのほうがよほど悪い影響を与えてしまいます。

受験前後の注意点

一つの入試を受け終わったら、すぐに気持ちを切り替える

一つの入試を受け終わったら、その出来や合否の結果は考えず、すぐに次の試験のことに意識を切り替えることが大事です。

もちろん、あまりに試験が難しかった場合は、落ち込むこともあるでしょう。家で大泣きした、という話もよくあるそうです。

しかし、そういった生徒の入試結果が一様に悪いのかといえば、そんなことはないのが実情で、結果を見れば見事合格していたという例も多数あります。

入試の合否は相対評価ですから、問題が難しく、全員があまりできていなければ、**「難しかったのはみんな同じ」**ということになります。

受験生本人の「できた」「できなかった」はあくまで主観によるものです。他の受験生と比較したものではありませんので、入試の結果は出るまでわからないのです。

入試の後落ち込んでいるようであれば、親が励ますのもよいですし、塾の先生を頼りにするのもよいでしょう。

ＳＡＰＩＸの先生は、「入試期間中、われわれはそのためにいますので、困ったことがあればすぐに連絡をください」と言います。

手ごたえがなくてお子さんがショックを受けている場合、また結果がよくなくて落ち込んでいる場合など、立て直しが必要なケースはいろいろと考えられます。

そうした際は塾の先生を頼ってください。

第三者からのアドバイスは意外に冷静に聞けたりするものです。

入試の答え合わせはしない

入試当日も普段通り過ごすことです。時間通りに試験会場に行き、受験をし、家に帰ってくる。そして、いつも通りに復習をしたり、家族で夕飯を食べたりして過ごします。

たった今受けた試験の問題用紙を広げて、一生懸命答え合わせをする必要はありません。というより、「答え合わせはしないでください」とＳＡＰＩＸの先生は伝えています。結果が出るまでわからないのだから、自分で答え合わせをして動揺するよりも別のことをしたほうがいいのです。

答え合わせをすると、自分のやってしまったミスを認識してしまうことになります。必要以上にショックを受け、気持ちを立て直せなくなっては、明日の試験で実力が発揮できません。それこそもったいないことです。

そして最後の試験が終わるまでは、できるだけ普段通りに過ごすことです。ＳＡＰＩＸでは「そうできるように普段の勉強を頑張っておこう」と指導しています。

繰り上げ合格に期待しすぎない

入試の結果が不合格であった場合、「繰り上げ合格はないのか」と気になってしまうかもしれません。親としては当然のことでしょう。

毎年一定数の繰り上げ合格を出している学校であればなおさらです。

ただ、繰り上げ合格になるかどうかは誰にもわかりません。あまり期待しすぎないほうがよいと思います。

なお、繰り上げの連絡は、出願時に登録した連絡先に入ります。

電話がかかってきた際はすぐに対応できるようにはしておきましょう。

受験前後の注意点

SAPIXの先生が最後の授業で伝えていること

SAPIXの溝端先生が、最後の授業で子どもたちに伝えているのはこんなことです。

この教室にいるみんなは、受験勉強を始めた時期はそれぞれ違うかもしれません。低学年から意識して頑張ってきた人もいれば、5年生から始めた人もいるでしょう。でも、みんなに共通しているのは、6年生の最後の授業まで頑張り通したということです。中学受験の目標に向けて、今日まで頑張り続けてきたことです。

これは言葉で言うのは簡単ですが、本当に大変なことです。週に3回、4

回、塾に通うことだって、それだけで大変です。たとえば夏休みには毎日のように塾に来て、長い時間頭を働かせ、いろいろな問題に取り組みました。時にはつまずいて悔し涙を流したりしたでしょう。結果が見えず、不安で仕方ない日もあったかもしれません。

それでもみんな本当によく頑張りました。

何か一つのことを最後までやり遂げるということは、とてもエネルギーの要ることです。

最後までやり遂げたということは、それだけで素晴らしいことです。

もうこの時点で「おめでとう。よく頑張ったね」と言ってあげたい。ただ、最後に一つ越えなければならないハードルがあるので、それはもう少しだけ先に取っておきましょう。

最後に一つだけ知っておいてほしいことがあります。

ここまで頑張り通したことの価値は、入試の結果によって失われるものではないということです。その価値はもうみなさんの中に存在しています。

だから、結果を恐れずに、思い切りみなさんの力をぶつけてきてください。
それが一番いい結果に結びつきます。

入試の結果だけを見たら、全員が望む結果を得られるわけではありません。中学受験の構造上、当然のことです。でも、第一志望合格だけが目的ではないはずです。入試の結果だけにとらわれるのではなく、これまで頑張ってきたことに価値を感じ、自信を持つことが大切なのです。

入試が一段落したあと、親から子に「最後までよく頑張ったね」と伝え、子から親に「今まで支えてくれてありがとう」と伝える、そんな終わり方をする中学入試にしたいですね。

おわりに

「勉強って本来面白いものなんですよ」

ＳＡＰＩＸの先生が目をきらきらさせて、そう話していたのが印象的です。

私がＳＡＰＩＸに興味を持ったのは10年近く前。教育関連の記事を書くための取材で、とある研究者の方に話を聞いたときのことです。

いまや大活躍中の研究者であり、東大医学部とハーバード大の大学院出身というその方は、昔は勉強が嫌いだったと言います。

ところが、その後ＳＡＰＩＸに行って人生が変わりました。「勉強って面白いんだ！」とわかったのです。討論式授業によって、どんどん思考が展開していくのが面白く、また、「先生自身がものすごく楽しそうだった」ことがよかったそうです。

この話を聞いて以来、ＳＡＰＩＸのことが気になっていたのです。

今回、直接さまざまなお話を聞くことができ、やはり「学ぶ面白さ」を体験することが大事なのだと感じました。

家庭では「面白く教える」ことはなかなか難しいですが、一緒に面白がることはできます。子どもは、お父さんお母さんが一緒に面白がってくれたら、ますます楽しくなるに違いありません。

そして、子どもの頑張りを認め、「できるようになったこと」を一緒に喜ぶことがお父さんお母さんの大きな役割です。

近年とくに過熱している中学受験では、のびのび学ぶというわけにはいかず、制約も多いとは思います。忙しい中でのスケジュール管理や教材管理など、サポートは大変です。プレッシャーも相当なものでしょう。

それが少しでもラクになるように、不安が解消されるように、本書では細かいこともお伝えしてきました。参考になる部分はぜひ取り入れていただければと思います。中学受験という選択を最高に幸せなものにするために、そのヒントを聞いてまとめてきました。活用していただけることを願うばかりです。

最後になりましたが、快く取材に応じてくださった株式会社日本入試センターの高宮敏郎様、ＳＡＰＩＸ小学部の広野雅明先生、溝端宏光先生、高野雅行先生（算数）、国定栄太先生（国語）、森本洋一先生（理科）、加藤宏章先生（社会）、どうもありがとうございました。

こちらの疑問に一生懸命答えていただき、感激することもしばしばでした。

アンケート等にお答えくださったＳＡＰＩＸ生の保護者の皆様、快く入試問題の掲載を許諾いただいた皆様も、誠にありがとうございました。

そして、最後までお読みくださった皆様、どうもありがとうございます。本書が少しでもお役に立てたら幸いです。

学ぶ面白さや目標に向けて頑張る尊さを、親子で実感していけますことをお祈りし